Braccialini

# Braccialini

## *Le borse delle meraviglie*
## *Bags in Wonderland*

*a cura di | edited by*
*Fabiana Giacomotti*

SKIRA

*Alle pagine 6-8 | Pages 6–8*
Piccola borsetta a mano dei primi anni sessanta, intreccio di fettuccina di gros grain, applicata anche sul bordo della pattina / Small handbag from the early 1960s, woven grosgrain tape, also applied to the edge of the flap

*Design*
Lucilla Dimola

*Redazione | Editing*
Doriana Comerlati

*Traduzione | Translations*
Lauren Sunstein, Susan Ann White per / on behalf of *Scriptum*, Roma

*Ricerca iconografica | Iconographical Research*
Paola Lamanna

First published in Italy in 2014 by
Skira Editore S.p.A.
Palazzo Casati Stampa
via Torino 61
20123 Milano
Italy
www.skira.net



Printed and bound in Italy. First edition

ISBN: 978-88-572-2451-0

Distributed in USA, Canada, Central & South America
by Rizzoli International Publications, Inc.,
300 Park Avenue South, New York, NY 10010, USA.
Distributed elsewhere in the world
by Thames and Hudson Ltd., 181A High Holborn,
London WC1V 7QX, United Kingdom.

Finito di stampare nel mese di giugno 2014
a cura di Skira, Ginevra-Milano
Printed in Italy

*Crediti fotografici | Photo credits*
© From the historical archive of *Ars Arpel* magazine – www.arsarpel.com, pp. 67, 71, 152-153, 154-155, 156-157
Album / Prisma / Contrasto, p. 52
Archivi Alinari-archivio Brogi, Firenze, p. 15
Archivi Alinari-archivio Alinari, Firenze, p. 14
Archivi Alinari, Firenze, p. 54
Archivio Toscani / Gestione Archivi Alinari, Firenze, p. 11
Bridgeman / Archivi Alinari, p. 57
Chaloner Woods / Getty Images, p. 10
Immagine realizzata da Maria Vittoria Backhaus, pp. 144-145
MyLoupe / UIG via Getty Images, p. 58
Photo Stefano Bidini – art direction Lucilla Dimola, pp. 150, 162-163, 164-165
Photo Stefano Bidini, pp. 16, 43
Photo Alberto Bevilacqua, pp. 44-45
Photo Toni Meneguzzo, pp. 160-161
Photo Pietro Privitera, pp. 96, 159
Photo Pierpaolo Pagano, pp. 6-8, 46
Raccolte Museali Fratelli Alinari (RMFA) – collezione Aranguren, Firenze, p. 23
Raccolte Museali Fratelli Alinari (RMFA) – archivio Balocchi, Firenze, pp. 12-13

# SOMMARIO
# CONTENTS

# LA BORSA
# BAGS

ALLE ORIGINI DELL'ACCESSORIO PIÙ RIVELATORE DELL'UNIVERSO FEMMINILE
THE ORIGINS OF A WOMAN'S MOST REVEALING ACCESSORY

La borsa è un accessorio singolare, che tutti crediamo di conoscere. E invece, nessun oggetto più di questo sfugge a una classificazione precisa, a una definizione univoca. È il complemento all'abbigliamento più usato in tutto il mondo, il più universale e certamente il più antico. Dagli albori della sua esistenza, l'uomo affida a una borsa – cesto, sacca, sporta o bauletto che sia – il compito di trasportare i suoi beni personali. È l'estensione delle sue mani e delle sue braccia, l'unico oggetto personale che, a eccezione delle tasche, ma in misura e con possibilità ben maggiori, abbia il compito di trasportarne altri. In una borsa entra ed esce la vita di ogni giorno con le sue gioie e le sue disillusioni.

Per l'uomo, la borsa è un mezzo, un oggetto funzionale a prescindere dalla sua fattura. Per la donna è invece simbolo di emancipazione, di liberazione dalla tutela statutaria, familiare, e soprattutto economica: nella sua accezione attuale, di "contenitore" di strumenti e accessori per gli impegni della giornata, non di rado pesantissimo, si tratta dunque di un oggetto recente. Le borse che compaiono nei dipinti del XVII e XVIII secolo, appese alla cintura o al polso delle dame ritratte, sono solo piccole sacche in tessuto assortito all'abito e non contengono monete, se non le poche necessarie per l'elemosina, bensì lavori d'ago e tutto l'occorrente per realizzarli. Le prime borse sono dunque strumenti "di lavoro", per chi lavoro non ce l'ha, lontanissime nell'estetica, nella forma ma soprattutto negli scopi dalle borse di oggi, che a dispetto dell'evolversi dei decenni sono invece versioni in miniatura delle nostre case

*Bags are a very particular accessory, one that we feel perfectly familiar with. And yet, there is no other object that so defies precise classification and unequivocal definition, even if bags are the most frequently used complement to clothing in the entire world, and surely the most ancient. Since the dawn of human existence, we have used some type of bag to transport our personal possessions – whether it be a basket, sack, carrier or trunk – as a virtual extension of our hands and arms. Such bags are the only personal object with the function of carrying other objects, except pockets of course, which are smaller though and offer fewer possibilities. All the joys and disappointments of our everyday lives are placed in and pulled out of our bags.*

*For a man, the bag is a means, a functional object whose design may matter little. For a woman, on the other hand, a bag is a symbol of emancipation, of liberation from her status as a ward of the law or the family, especially economically speaking. Indeed, its present-day function as a "container" for objects needed during the day – and often a quite heavy one at that – is a recent development.*

*The bags seen in 17th- and 18th-century paintings hanging from a lady's waist or wrist were nothing more than small fabric sacks matching the dress, used to hold needlework and related paraphernalia and only enough coins for giving alms. In other words, the first bags were in effect "work" equipment for those who did not work. Indeed, they had little in common with the aesthetics, forms or purposes of the bags of today, which, despite their evolution over decades, are miniature versions of our homes and symbolic representations of our lives.*

e rappresentazioni in forma simbolica della nostra vita: ogni momento, ogni affetto, ogni relazione vi sono rappresentati, conservati e trasportati, e ogni necessità, anche remota, trova risposta. I primi modelli conservati nell'archivio Braccialini sono piccole borse a mano in nastro intrecciato, con il manico rigido: compagne di pomeriggi trascorsi a sorseggiare il tè nelle pasticcerie di piazza della Repubblica a Firenze; non potrebbero mai accompagnare una donna in una giornata di lavoro e di impegni familiari, come accade, invece, con le sacche in cuoio modellato a caldo che entrano a far parte delle collezioni dell'azienda fiorentina dalla metà degli anni settanta.

Nessun accessorio come la borsa racconta, attraverso la propria, l'evoluzione della storia femminile, l'impegno e le battaglie della donna, i suoi interessi e le sue civetterie. Per questo, alle donne viene spontaneo considerare la borsa come un'estensione di sé, e per questo è perfettamente comprensibile il racconto che Carla Braccialini fa in relazione alla nascita del suo primo modello di borsa tematica, la Casina, a cui il marchio deve molta della propria fama (si veda il capitolo pp. 125-141). La borsa è metaoggetto e metamessaggio privilegiato della vita personale e al tempo stesso della vita di società, di relazione. Un oggetto intelligente. L'involto in cui l'uomo racchiude i propri beni può essere semplicissimo, come il fazzoletto annodato all'estremità di un bastone delle fughe avventurose dei racconti per l'infanzia, oppure via via sempre più ricco, come il

*Every moment, feeling and relationship is represented, preserved and transported in those bags, and even the most distant need fulfilled.*

*The first models conserved in the Braccialini archive are small handbags of woven strips with a rigid handle, ideal to accompany women sipping afternoon tea in the pastry shops in Piazza della Repubblica in Florence, but surely not during a day of work or family chores. Such occasions called for the heat-moulded leather saddlebags, for instance, which became part of the collection of the Florence company in the mid-1970s.*

*More than any other accessory, handbags mirror the history of women, with their responsibilities and struggles, their allure and seduction. Thus it is natural for women to see their bag as an extension of themselves. In this regard, one can likewise understand the story Carla Bacciallini tells about the creation of her first theme bag, the Casina ("little house"), to which the brand owes so much of its fame (see chapter pp. 125–141).*

*The bag is a meta-object and a meta-message particularly valued in both private and social life; it is an intelligent object. The wrapping in which people enclose their possessions can be as simple as a handkerchief knotted at the top of a stick like those carried by children in fairy tales or as elaborate as a trousseau, the personal dowry once taken by the bride for her first year of marriage, which was originally contained in*

**A FRONTE** / OPPOSITE
*Cesto da mare e borsa classica degli anni cinquanta | A beach bag and a classic 1950s bag*

**SOPRA** / ABOVE
*Piazza San Giovanni a Firenze, negli anni cinquanta | Piazza San Giovanni, Florence, in the 1950s*

**ALLE PAGINE 12-13** / PAGES 12–13
*Veduta dei lungarni, 1960 circa | View of the Arno embankment, c. 1960*

trousseau, il corredo personale che un tempo la sposa portava con sé per il primo anno di matrimonio e che in origine avrebbe dovuto essere contenuto appunto in una piccola borsa, una piccola trousse. È forse anche per questo che le belle borse sono soggetti, e non solo oggetti, e quando davvero riuscite si trasformano in protagoniste, provviste persino di un nome di battesimo. Sono le it-bag, borse che narrano non solo di chi le possiede perché le ha scelte, ma anche delle conquiste dell'artigianato e dell'industria. Se di un tessuto solo un esperto può valutare la manifattura, collocandola nel suo momento storico, di una borsa quasi chiunque è in grado di stabilire con un buon margine di precisione l'anno di fabbricazione, talvolta anche l'origine: il bauletto in Lucite trasparente, classico modello dell'America degli anni cinquanta, le grandi buste piegate della fine degli anni trenta, le borsine a rete di perline di plastica colorata, impossibili da realizzare prima dei sessanta del Novecento, le maglie metalliche dei primi anni dieci, le "postine" anni settanta... La borsa è uno straordinario strumento di conoscenza. E se conoscenza equivale a possesso, in beni o in sapienza, non ci sono dubbi che nessun oggetto sia più ricco e più potente della borsa.

**SOPRA** / ABOVE
*Piazza della Repubblica a Firenze, 1910 circa | Piazza della Repubblica, Florence, c. 1910*

**A FRONTE** / OPPOSITE
*Cestino degli anni sessanta in nastri di raso | Small 1960s basket bag with satin ribbons*
*Lungarno Armando Diaz a Firenze, 1890 circa | Lungarno Armando Diaz, Florence, c. 1890*

**A PAGINA 16** / PAGE 16
*Carla Braccialini, 1989*

*a small bag or* trousse. *Perhaps this is why attractive bags become more than just objects; when truly well-designed, they are subjects that acquire an active presence, complete with a distinctive name of their own. Such is the case of the it-bag, which speaks not only of the owner who chose it but also of advances in craftsmanship and the industry. While only an expert can determine the historical moment when a particular fabric was produced, almost anyone can identify with a reasonable degree of precision the year in which a bag was made, and at times even the place. One need only think of the little trunk-shaped bags of transparent Lucite that were such classics in America in the 1950s, the large folded cases of the late 1930s, the little purses with a mesh of coloured plastic beads that could not have been made before the 1960s, the metal mesh of the early 1910s, the "mailbags" of the 1970s... Indeed, bags teach us much. And if knowledge equals possession – of goods or of wisdom – there is no doubt that bags are the most meaningful and formidable of objects.*

# UNA BELLA STORIA FIORENTINA
# A FLORENTINE SUCCESS STORY

UN PICCOLO LABORATORIO SULL'ARNO SESSANT'ANNI FA. E UNO SPIRITO CREATIVO
A SMALL WORKSHOP ON THE ARNO SIXTY YEARS AGO. AND A CREATIVE SPIRIT

Dal 1954 a oggi sono trentanovemila. Qualcuno in più, in realtà, ma trentanovemila è già un numero possente, quasi spropositato, per definire i modelli siglati Braccialini, nati cioè dalla creatività di Carla e, successivamente e non di rado in tandem, di Massimo. Pochissime aziende pellettiere potrebbero vantare un catalogo e un archivio altrettanto ricchi lungo un arco di attività di sessant'anni, e ancora di meno sarebbero in grado di testimoniare una capacità altrettanto estesa e profonda nella lavorazione dei materiali più diversi: paglia, raso, pelle, metallo, seta, cotone, passamaneria; lavorazioni all'uncinetto, a ricamo, a nido di vespa.

Goffrature, nervature, sovrapposizioni figuravano nella trentina di modelli storici selezionati che stampa e grandi clienti videro esposti nel 2005, in occasione dei festeggiamenti per il cinquantenario del marchio e il primo anno di attività della boutique londinese, quando la famiglia Braccialini organizzò una mostra retrospettiva in uno dei luoghi-simbolo della capitale, il Tower Bridge. La scelta, di certo ardua, portò però alla luce una serie curatissima e variegata di borse, tutte così perfettamente calate nel proprio momento storico da offrire una prospettiva inedita sulla storia dell'azienda, e in parallelo sulla storia del costume italiano. Da un marchio che, per molti, si caratterizza innanzitutto per la giocosità dei propri modelli, ecco spuntare le borsine rigide degli anni cinquanta, vezzose e femminilissime, ma anche rigorose e preziose nella loro lavorazione a nastri di canneté; ecco i modelli squadrati in pelle vissuta, dai dettagli in metallo; ecco le bisacce primi settanta che forse, nelle intenzioni, avrebbero dovuto essere hippy, ma erano invece e solo chic, nel

*There have been thirty-nine-thousand since 1954 – actually a few more, but thirty-nine-thousand is already a rather impressive number, almost shocking in fact, to enumerate all the models of the Braccialini brand, successful result of Carla's creativity, later of Massimo's, and often of both. Few leather goods companies can boast such a deluxe catalogue and archive, representing sixty years of activity; even fewer are able to equal Braccialini's wide-ranging, masterly craftsmanship with the most diverse materials, including straw, satin, leather, metal, silk, cotton, and trimming, as well as with crochet, embroidery and honeycomb decoration.*

*Embossing, ribbing, and layering were incorporated in the thirty historic models seen by the press and major clients in 2005 in an exhibition celebrating the fiftieth anniversary of the brand and the first anniversary of their London boutique, organised by the Braccialini family at the Tower Bridge, one of the city's iconic venues. Needless to say, the choice of models was difficult, but it resulted in a brilliant variety of bags, each so representative of its historic moment as to offer an unusual perspective on the history of the company, not to mention the history of Italian fashion. Although the brand is known and loved by many for the playfulness of its models, on display were also the charming small rigid handbags of the 1950s, super feminine with their exquisitely-worked canneté ribbons, the boxy distressed-leather models with metal details, and the heat-moulded leather saddlebags of the early 1970s, which may have been conceived as a hippy accessory but ended up being simply – and very! – chic. But there was much more: the exotica of the early 1980s, all gold and tassels, and*

*Carla Cecconi a sei anni, con il padre Giuseppe, in Versilia | Carla Cecconi aged six, with her father Giuseppe, in Versilia*

loro cuoio modellato a caldo. E poi, ancora, ecco gli esotismi dei primi ottanta, gli ori spalmati e le nappine, e quindi i tentativi di assecondare i rigori stilistici dell'ultimo decennio, i novanta, subito abbandonati per rispetto di una fantasia troppo vivace per essere costretta in poche linee squadrate riempite di nero, ma anche per affetto nei riguardi di una clientela che da Braccialini voleva, e continua a volere, voli di fantasia, accostamenti inattesi e tanto colore.

Il marchio Braccialini nasce a Firenze, nella Toscana che è cuore e riferimento mondiale e storico della pelletteria di qualità. Tutte le grandi griffe italiane e internazionali producono le loro borse nella valle dell'Arno, il fiume dove dal XII secolo, secondo le testimonianze più antiche, si immergevano prima della concia le pelli che sarebbero state trasformate in scarselle per i pellegrini e bisacce per i mercanti e dove, otto secoli dopo, con la piena del 1966, finirono anche le borse del laboratorio Braccialini: galleggiavano per i cortili interni mentre i condomini cercavano di acciuffarle con i mezzi più vari.

*then the attempts at maintaining the stylistic rigour of the 1990s. This line was soon abandoned, however, out of respect for the company's characteristic exuberance, which could not be contained in a few black squares, but also out of affection for its clientele, who have always sought Braccialini for flights of fantasy, unexpected combinations, and vivid colour.*

*The Braccialini brand began in Florence, in Tuscany, in the heart of the historic centre for quality leather goods respected around the world. All the great Italian and international brands produce their bags in the valley of the Arno. Ever since the 12th century – according to medieval sources – leather has been immersed in this river, subsequently tanned and worked into purses for pilgrims and saddlebags for merchants. Eight centuries later, in the 1966 flood, the bags from the Braccialini workshop ended up in the river too, floating through the courtyards as building residents struggled to retrieve them with improvised tools.*

*In the Middle Ages, the Florentine Republic was the first to establish guilds of leather artisans, such as the*

G.I.L. "C. Menabuoni"

I Mostra d'Arte Giovanile

1° Premio

conferito a Cecconi Carla

della Scuola A. Del Sarto

Firenze, 5 Giugno 1941 XIX

Il Com. Rion. G.I.L.

La Commissione

Il Capo sez. Cultura

*Carla Cecconi vince il primo premio per il miglior disegno alla "I Mostra d'Arte Giovanile", Firenze, 1941 | Carla Cecconi wins first prize for a drawing at the* I Mostra d'Arte Giovanile, *Florence, 1941*

*Roberto Braccialini con i figli Riccardo e Massimo, 1962 | Roberto Braccialini with his sons Riccardo and Massimo, 1962*

Nel Medioevo la Repubblica fiorentina era stata la prima a istituire le Arti Minori degli artigiani pellettieri, come i Calzolai, i Cuoiai e i Galigai, gli specialisti della calzatura importante (da caliga, il sandalo dei legionari romani), ma Braccialini non nasce azienda pellettiera. Nasce come laboratorio di applicazione pratica di fantasia a briglia sciolta, e il primo materiale usato affonda sì, a sua volta, le radici nella storia fiorentina, ma pelle non è. È paglia, spesso di una delle sue qualità più naturali e belle, la paviera, una canna palustre che cresce spontanea sul delta del Po e che è tuttora ricercatissima. Le borse di Carla Braccialini raccontano da subito una storia e un'ispirazione diverse da quelle dell'epoca: riprendono i modelli classici, ma li trasformano in oggetti totalmente inediti, sorprendenti, grazie all'uso di materiali inconsueti e, spesso, alla totale mancanza di forme precostruite e precostituite.

"Negli anni cinquanta, quando mia madre iniziò a realizzare le sue creazioni, le borse da donna erano

*Cobblers, the Tanners and the* Galigai *(from* caliga, *the sandal worn by the Roman Legionaries), who specialised in making shoes for dignitaries. Braccialini did not begin as a leather company, however, but as a workshop for the practical application of unbridled fantasy. The first material used was also firmly rooted in Florentine history, but it was not leather. It was straw, often one of the most natural and beautiful varieties known as* paviera, *a marsh reed that grows wild in the Po Delta and is still highly valued. Carla Braccialini's bags embodied a different story and inspiration from others of the period; she began with the classic models but transformed them into totally novel, surprising objects, thanks to the use of unconventional materials and, often, to the complete lack of pre-formed or preconceived shapes.*

*"In the 1950s, when my mother began making her creations, women's bags were all more or less the same," explained Riccardo Braccialini. At trade fairs, ri-*

**SOPRA** / ABOVE
*Una scampagnata con tutti i dipendenti e le loro famiglie, 1974 | An outing for all the Braccialini employees and their families, 1974*

**A PAGINA 23** / PAGE 23
*Piazza Santa Croce devastata dall'alluvione che ha colpito Firenze nel 1966 | Piazza Santa Croce devastated by the flood that struck Florence in 1966*

tutte simili", racconta Riccardo Braccialini. Alle fiere, i concorrenti la guardano con curiosità mista a sospetto. Non è un'artigiana pellettiera, lo sanno loro come lo sa anche lei. Ma Carla Braccialini, come centinaia di migliaia di altre donne, è stanca della scelta limitata offerta dal mercato, dall'alternanza di "borse marroni e nere per l'inverno e bianche, blu o beige per la primavera, tutte in pelle, molto costruite, e del cesto di paglia per l'estate al mare". A quelle poche opzioni, nessuno fino ad allora aveva provato a offrire un'alternativa leggera, divertente, e magari poco costosa. Ci prova lei. Perché le piace disegnare, e perché, fresca sposa, con il marito Roberto "non si sapeva che fare". Gli inizi dell'impresa di famiglia non si concentrano nemmeno sugli accessori, in realtà, ma su una lavorazione in paglia in quegli anni molto di moda, l'uncinetto. "Iniziammo a commercializzare vestiti e accessori fatti all'uncinetto da una nostra parente, che guidava un gruppo di lavoro, una piccola rete di donne impiegate a casa." In Italia, la façon casalinga di grande qualità è tuttora un motore dell'industria della moda; allora era un fatto comune e molto diffuso. "Riempimmo una valigia di campionario con trentacinque fra vestiti e cappellini e andammo a venderli in Liguria, che era il litorale più chic." I risultati sono buoni, anzi ottimi, anche se Carla Braccialini non sa costruire una borsa.

All'epoca, Braccialini non è ancora marchio, e la coppia non possiede nemmeno un laboratorio, ma un ufficio, in via delle Pinzochere. Quattro stanze nel quartiere dove, dopo il Rinascimento, si sono spostati i pellettieri e dove i piccoli artigiani vivono e lavorano tuttora: Santa Croce. "Davamo tutte le lavorazioni all'esterno, a gruppi di lavoro e artigiani diversi. Avevamo anche coniato un marchio: 'Braccialini, borse fantasia', e di quella ne avevamo molta. Però ci rubavano le idee, e così decidemmo di aprire il primo laboratorio: mio marito alla parte commerciale, io alla creazione e cinque o sei operai specializzati." Ancora oggi riconosce di aver imparato a "fare la pellettiera" dai suoi dipendenti, ma ha la capacità di immaginarsi la borsa nei minimi dettagli, e l'abilità di circondarsi degli artigiani in grado di realizzare i suoi sogni, che sono le doti di una leader.

Progettualità e visione. Le borsine di foggia classica in paglia colorata e rifinite a contrasto in pelle, pizzo

*vals looked on with a mixture of curiosity and suspicion. She was not a leather artisan; they knew it and so did she. But Carla Braccialini, like hundreds of thousands of other women, was tired of the meagre selection available on the market, alternating between "brown and black bags for winter and white, blue or beige for spring, all made of leather with very constructed forms, and straw baskets for summer by the sea." No one until that time had tried to offer a lightweight, fun, and perhaps even economical alternative to those few options. But Carla did, because she liked to design and because she and her new husband Roberto "didn't know what to do." The family business did not actually begin with accessories, however, but with crocheted straw, which was very fashionable at the time. "We began to market dresses and accessories crocheted by a relative who led a team of workers, a small network of women working at home." At the time in Italy, high quality work produced at home was quite common and wide-spread and indeed it is still a driving force in the fashion industry today. "We filled a suitcase with samples of thirty-five dresses and hats and went off to sell them in Liguria, which had the most chic beach resorts." Sales went well, in fact very well, even if Carla Braccialini did not know how to construct a bag.*

*Braccialini was still not a real brand, and the couple did not even have a workshop. They did have a four-room office, though, on Via delle Pinzochere in Santa Croce, the district where leather merchants settled after the Renaissance and where artisans still live and work. "We used to send out all the processing to work teams and various artisans. We coined the label 'Braccialini, fantasy bags' – and we really did have plenty of fantasy. But our ideas were being stolen, so we decided to open our first workshop, with my husband handling the commercial side, myself the creative side and five or six expert workers." She admits that she learned to "work leather" from her employees, but regardless, on her own she is able to conceive bags down to the last detail and to surround herself with artisans who can give shape to those dreams. In short, she has the vision and entrepreneurship of a successful leader. Her small classic purses made of coloured straw with contrasting details in leather, lace or grosgrain were an instant hit. Worked in this way, straw acquired dignity and leather lost a bit of its haughtiness. Unsat-*

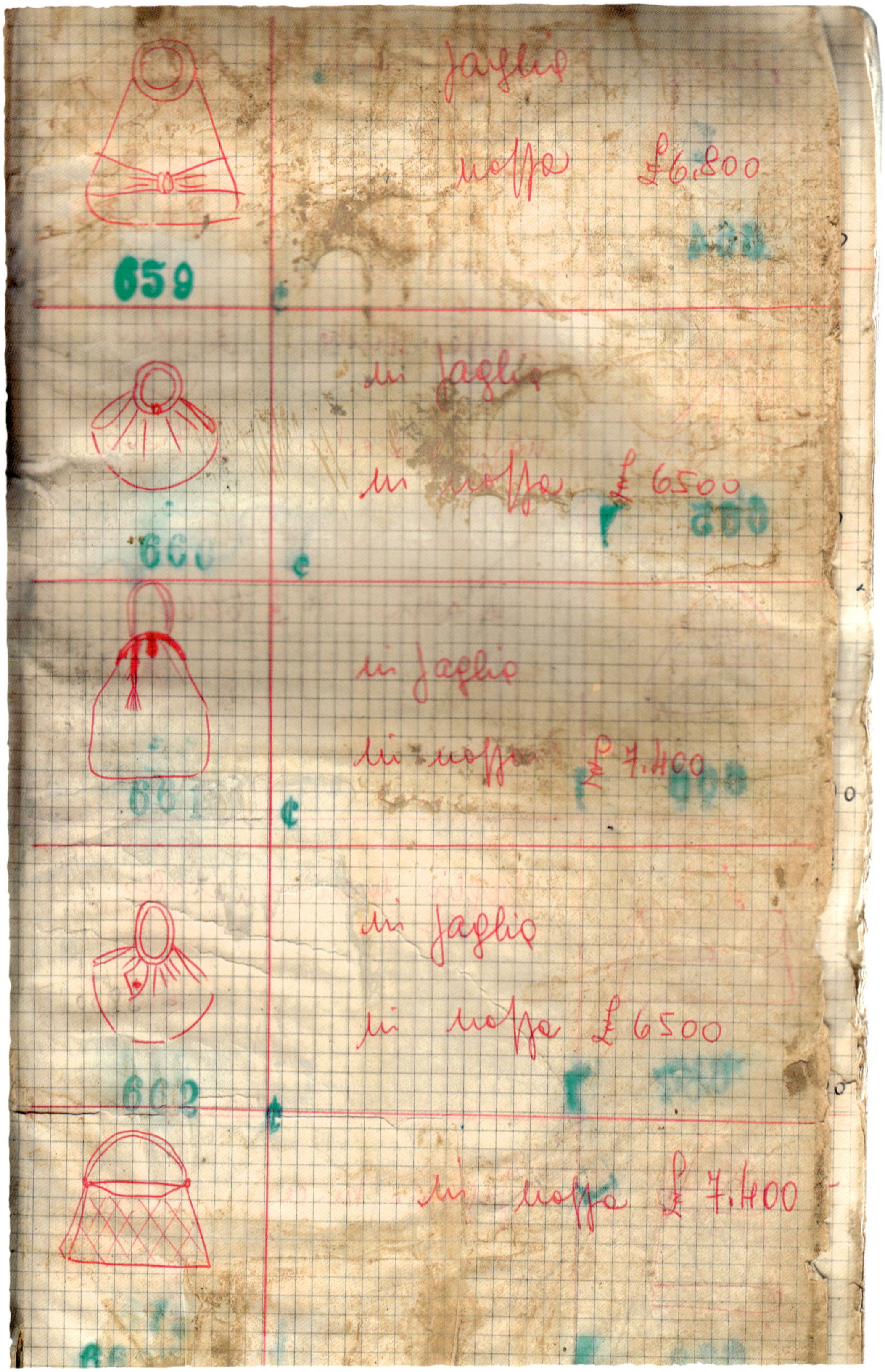


*Il quaderno dei disegni, ritrovato dopo l'alluvione | Notebook with designs, found after the flood*

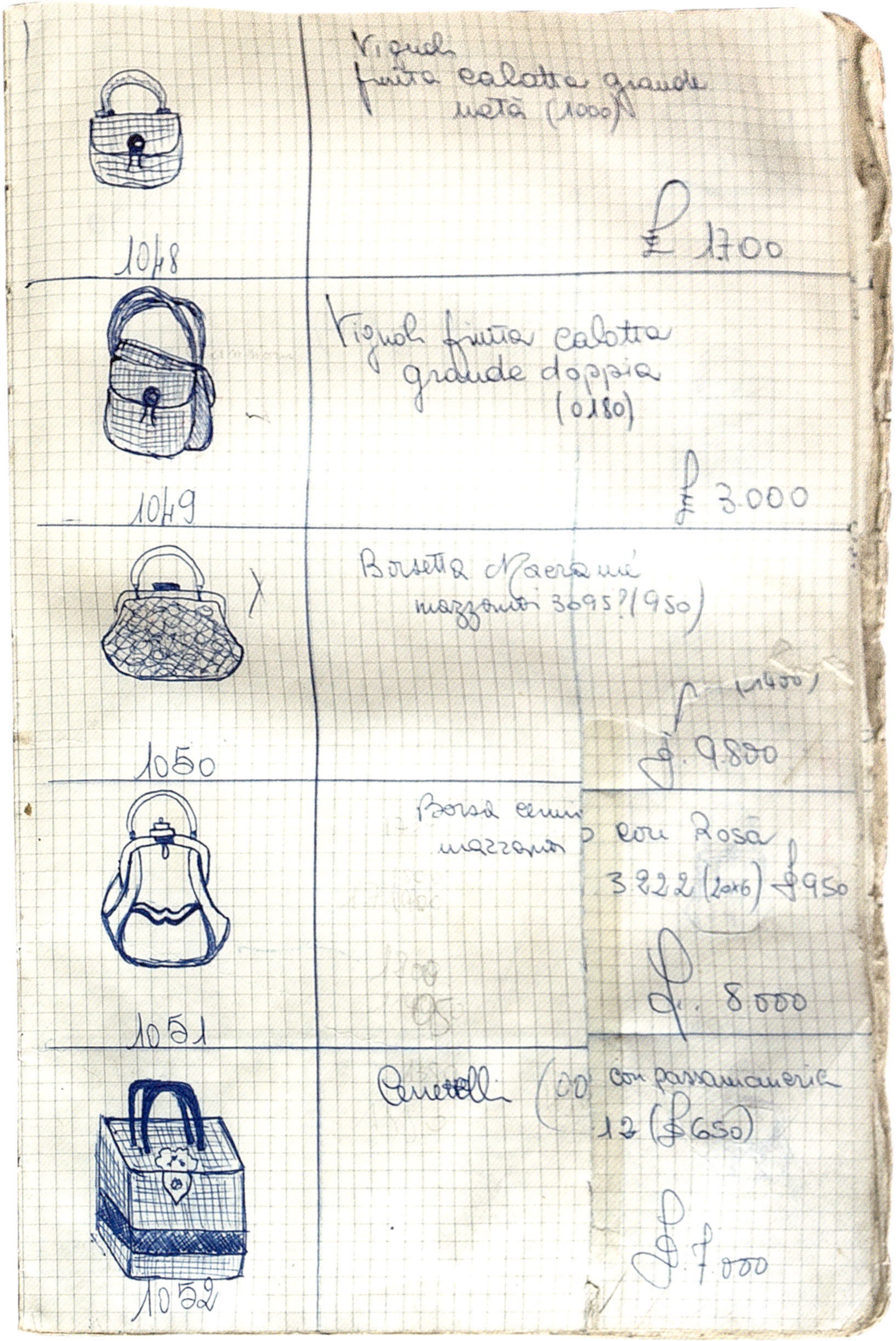

Vignoli
finita calotta grande
metà (1000)
£ 1700
1048
Vignoli finita calotta
grande doppia
(0180)
£ 3.000
1049
Borsetta Macramè
mazzanti 3095?(950)
(1400)
£. 9.800
1050
con Rosa
3222 (20x6) £950
£. 8.000
1051
con passamaneria
12 (£650)
£. 7.000
1052

o gros grain sono subito un successo. Così lavorata, la paglia acquista dignità, e la pelle perde un po' del suo sussiego. Carla Braccialini, però, non si accontenta di quel primo passo. Prova con il ricamo su pelle, contribuendo sostanzialmente al suo sviluppo e alla sua affermazione. È il 1965, e non esistono macchine in grado di effettuare questo tipo di lavorazione: "Vi erano quelle programmate a schede", racconta, "certamente adatte al tessuto ma che tagliavano irrimediabilmente il pellame". Prove ed errori non si contano. Finalmente, scova una lavorante con una macchina che cuce a zigzag: è la soluzione giusta, che subito adotta per mettere insieme "delle striscioline di pelle di colori diversi, in gradazione", ottenendone "dei disegni d'effetto", che si trasformano, ancora una volta, in una borsa inedita.

*isfied with that first step, however, Carla Braccialini tried embroidery on leather, which contributed significantly to her evolution and success. There were no machines that could do this type of work in 1965, though. "There were machines that could be programmed that were certainly useful for fabric," she explained, "but they cut the leather beyond repair." Trial and error was the order of the day. Finally, she tracked down a worker with a machine that sewed zigzags. This was an ideal solution, which she immediately adopted to sew together "leather strips with different shades of colour," obtaining "stunning designs" that resulted in highly original bags.*
*Carla Braccialini's lack of experience, which should have been a handicap, turned out to be an advantage. She simply improvised and, with her trusted arti-*

La mancanza di esperienza, che avrebbe dovuto essere un handicap, si rivela un vantaggio: Carla Braccialini improvvisa, gli artigiani a cui si affida identificano con lei le soluzioni adatte per trasformare in realtà la sua immaginazione; la concorrenza osserva, si pone e le pone domande in relazione a tecniche ed esecuzioni che lei stessa ignora, avendole semplicemente improvvisate. Con i collaboratori, nascono sodalizi talvolta pluridecennali, come nel caso di Piero Balloni (si veda p. 177), entrato in Braccialini subito dopo l'alluvione e tuttora in azienda. Un maestro, oltre che un punto di riferimento, anche per i figli della fondatrice.

Per Riccardo e Massimo, che hanno imparato entrambi a tagliare e cucire prototipi agli ordini di questo artigiano burbero e con lo sguardo diretto, "guadagnarsi il rispetto di Piero" è uno degli obiettivi degli anni adolescenziali quando, con la scomparsa del padre Roberto nel 1976, nonostante la giovane età iniziano a sentire, forte, la responsabilità dell'azienda.

Il decennio che va dal 1966 e il 1976 è il più duro nella storia della famiglia. Prima l'alluvione, quando "l'acqua andò a due metri sopra il soffitto del laboratorio, che si trovava in un seminterrato sul Lungarno"; quindi, la morte di Roberto Braccialini, la "R" di quel marchio che inizia a vedersi sempre

*sans, sought out the best solutions to bring her vision to life. Competitors observed somewhat baffled, asking questions about technique and execution that she herself could not answer. Meanwhile, partnerships with collaborators were established that sometimes lasted decades. Such was the case with Piero Balloni (see p. 177), who joined Braccialini shortly after the flood and still works there. Balloni is a true master at his craft, as well as a model for the Braccialini children, Riccardo and Massimo, who were both taught to cut and sew prototypes by this intense grouchy artisan. After their father Roberto died in 1976 when they were still teens, the boys began to feel the burden of responsibility for the company, and "to earn Piero's respect" became one of their greatest goals.*

*The decade from 1966 to 1976 was the most difficult of all in the family's history. First came the flood, when "the water rose two metres higher than the ceiling of the workshop, which was in a sort of basement on the Lungarno". Then came the death of Roberto Braccialini, the "R" in the label that was being seen more and more often in advertising campaigns in women's magazines and on the arms of so many twenty-year-old girls. While Lorenzo, the last born of the family, was still too little to fully understand the degree of change required to keep the business on course, Riccardo and Massimo were not. Riccardo, the oldest, became a father himself at the age of twenty-one and needed to support his new family. He began working in the factory, but soon moved into distribution and*

**A FRONTE** / OPPOSITE
*Durante un servizio fotografico sulla scalinata di San Miniato al Monte, Firenze, 1973 | During a photo feature on the steps of the church of San Miniato al Monte, Florence, 1973*

**A SINISTRA** / LEFT
*Un modello del 1973, in pelle di vitello con intreccio in cuoio | A 1973 model in calfskin with leather lattice*

**A SINISTRA** / LEFT
*Riccardo, Lorenzo e Massimo Braccialini in una foto del 1973 | Riccardo, Lorenzo and Massimo Braccialini in a photo of 1973*

**SOTTO** / BELOW
*Lorenzo all'età di un anno | Lorenzo at the age of one*

**A FRONTE** / OPPOSITE
*Roberto Braccialini con i figli in una foto del 1973, e un borsone da viaggio dello stesso anno | Roberto Braccialini with his sons in a photo of 1973, and a travelling bag from the same year*

più spesso, nelle campagne pubblicitarie dei settimanali femminili come al braccio di tante ventenni. L'ultimo nato in famiglia, Lorenzo, è ancora troppo piccolo per rendersi pienamente conto del cambio di passo necessario per mantenere salda la rotta. Riccardo e Massimo no. Il primogenito, poi, si è ritrovato padre a ventun anni, e deve guadagnare anche per mantenere la sua nuova famiglia. Inizia in fabbrica, ma orienta subito i propri interessi verso la distribuzione e la commercializzazione delle linee come rappresentante nel Veneto e nel Lazio. Nel frattempo Massimo, che ha terminato senza troppo entusiasmo il liceo scientifico e ancora più tiepidamente ha intrapreso gli studi universitari in scienze politiche, si concentra sull'azienda e le sue linee di produzione. Creare gli viene facile, naturale, ma ha soprattutto "il timore che, se nessuno fosse entrato in azienda, mia madre avrebbe finito per vendere". Questo ragazzo alto, dai tratti delicati e dal carattere d'acciaio, si è avvicinato all'azienda di famiglia e alle regole del lavoro diciassettenne: ogni mattina, prima di recarsi a scuola, in quelli che passeranno alla storia dell'Italia come gli "anni di piombo" apre

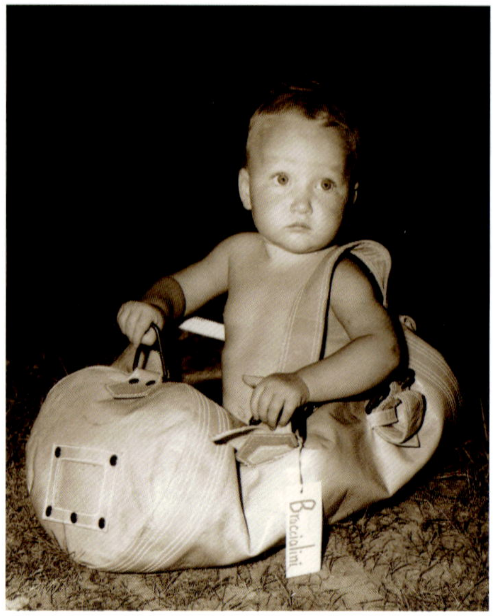

*marketing as representative in Veneto and Lazio. In the meantime, Massimo, who had finished scientific high school with little enthusiasm and begun studying political science in the university with even less, focused on the company and its production lines. Besides his innate creativity, he was motivated by "the fear that, if no one went into the business, my mother would end up selling it." In fact, this tall young man with delicate features and a resolute character became involved in the family business and the discipline of the working world at the tender age of seventeen. Every morning, before going to school in the period that went down in Italian history as the "years of lead," he would open the gates to the factory and, young though he was, try to establish friendly relationships with the workers and union representatives. "Very tough years, though exciting ones, because I was so eager to learn, and here we've always done everything: research, engineering,*

ART. 1602

L. 32.600

PREZZO IMPOSTO L. 62.000

ART. 1603

£ 36,000

P. IMPOSTO £ 68.400

ART. 1604

liello
DRAGHINI £ 30.200

P. IMPOSTO 57.400

*Dal book fotografico del 1978 | From 1978 photo portfolio*

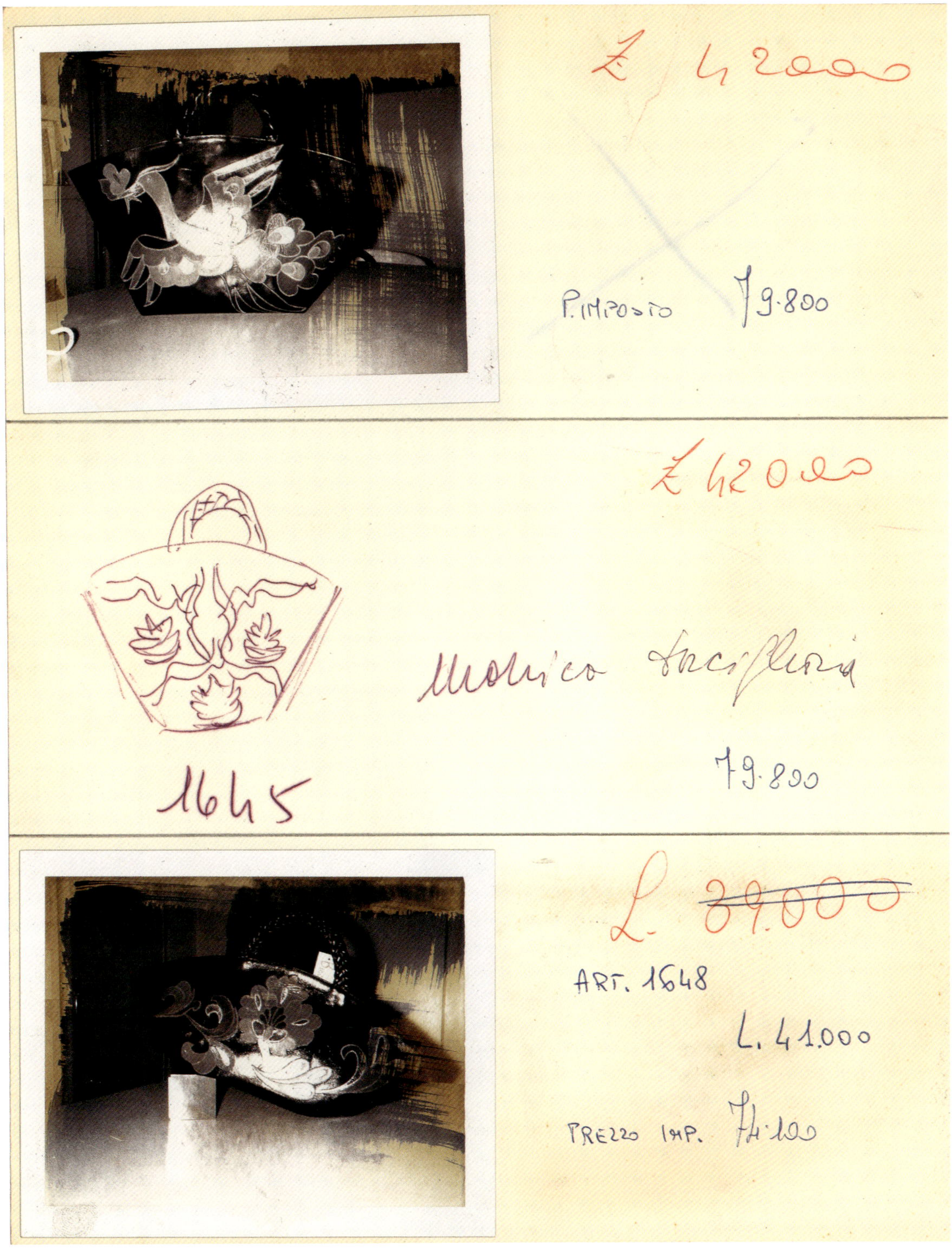
L. 42000
P. IMPOSTO 79.800
L. 42000
1645
79.800
L. ~~39.000~~
ART. 1648
L. 41.000
PREZZO IMP.

ART. I843

PELLE

L. 38.000

PREZZO IMPOSTO L. 73.000

ART. I844

PELLE

L. 35.000

PREZZO IMPOSTO L. 66.500

ART. I845

PELLE

L. 44.000

PREZZO IMPOSTO L. 83.600

*Dal book fotografico del 1978 | From 1978 photo portfolio*

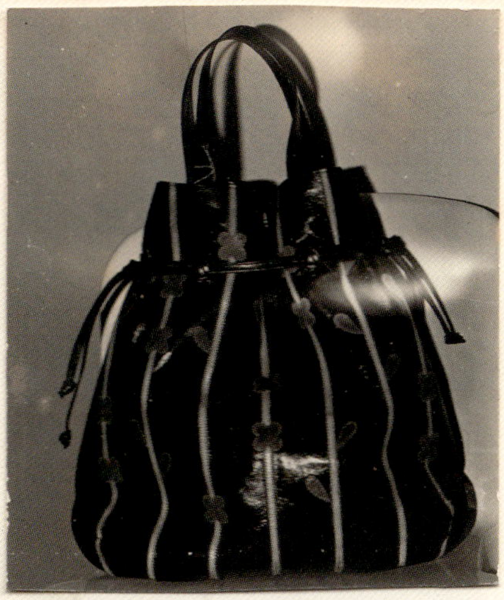

ART. I832

PELLE

L. 48.000

PREZZO IMPOSTO L. 9I.200

ART. I833

PELLE FANTASIA L. 51.000

PREZZO IMPOSTO L. 97.000

PELLE UNITA L. 49.500

L.

PREZZO IMPOSTO L. 94.000

ART. I834

PELLE

L. 42.000

PREZZO IMPOSTO L. 79.800

i cancelli della fabbrica e cerca di intrattenere, lui ancora ragazzino, rapporti fluidi e cordiali con operai e rappresentanze sindacali. "Anni difficilissimi, eppure entusiasmanti, perché ero avido di imparare, e qui si è sempre fatto tutto: studio, ingegnerizzazione, prototipia. Avevo intuito che in ogni azienda la parte fondamentale è il prodotto, e che senza quello nessuna azienda può andare avanti, si limita al piccolo artigianato."
Contestualmente all'apprendistato "col Balloni", Massimo Braccialini azzarda qualche idea, qualche disegno, fino a quando il bozzetto di una borsa patchwork, fatta di piccoli riquadri di pelle di colori diversi, colpisce l'immaginazione della famiglia e, soprattutto, di Carla. È il primo modello che non esca direttamente dalla penna della fondatrice, che da quel momento si accorge di avere un collaboratore via via sempre più prezioso: "Quando andavamo all'estero per lavoro, Riccardo correva a guardare i monumenti e i musei; Massimo girava i negozi con me". Il tandem fra madre e figlio diventa ancora più coeso in occasione di una collezione di borse che prende spunto dai colori e dalla fattura di un cuscino ricavato dai bordi di un vecchio sari scovato da Massimo in un negozio di Zurigo nei primi anni ottanta: "Viaggiammo per tutta l'India per quindici giorni a caccia di quei bordi: ci si fermava in tutti i mercati, e

*prototypes. I realised that the fundamental part of every company is the product, and no company can move ahead without it. Otherwise it doesn't go beyond small-time handicrafts."*
*During his apprenticeship under Balloni, Massimo Braccialini played around with various ideas and designs, until one of his sketches of a patchwork bag with small differently-coloured leather squares fired the imagination of the family and, most importantly, of Carla. It was the first model that had not come directly from the pen of the founder, who gladly acknowledged the growing value of her new collaborator: "When we went abroad for work, Riccardo would run off to see monuments and museums while Massimo would accompany me from one shop to another." The tandem between mother and son became even tighter with the bag collection inspired by the colours and fabrication of a pillow made from the edges of an old sari Massimo had discovered in a shop in Zurich in the early 1980s. "We travelled all around India for two weeks looking for those edgings: we stopped in every market, scraping together a few metres each time. We went as far as Kashmir before we finally found where they were made, similar to the old ones. Using them, each piece came out unique."*

**A DESTRA** / RIGHT
*Cesta in forma, a strisce di pelle in stampa cocco, primi anni ottanta / Basket bag with mock crock leather bands, early 1980s*

**A FRONTE** / OPPOSITE
*In alto a sinistra, Carla, Riccardo e Massimo Braccialini, con il presidente di Wako, distributore per il Giappone, e due collaboratori, 1989. A destra, Carla Braccialini in occasione di una premiazione durante il Mipel, la fiera della pelletteria di Milano, con Cesare Cadeo. In basso, il ministro Vincenzo Scotti in visita allo stand Braccialini al Mipel / Top left, Carla, Riccardo and Massimo Braccialini, with the president of the Japanese distributor Wako, and two co-workers, 1989. Right, Carla Braccialini during a prize-giving at MIPEL, the leather goods trade fair in Milan, with Cesare Cadeo. Bottom, Minister Vincenzo Scotti visiting the Braccialini stand at MIPEL*

BRACCIALINI
FIRENZE
P72

ogni volta ne racimolavamo pochi metri. Arrivammo fino al Kashmir prima di scoprire dove li fabbricavano, simili a quelli antichi. Ne vennero fuori tutti pezzi unici".
Gli anni ottanta, con le sue forme complesse, l'abbondanza di dettagli e di lavorazioni, è un periodo che Carla Braccialini sente molto affine alla sua personalità: patchwork, intarsi spalmati color oro, sovrapposizioni di materiali e colori, goffrature, nervature in colori a contrasto. "Non c'era limite e sperimentavamo tutto." I modelli sono ampi e morbidi, con la chiusura a sacchetto, oppure piccoli e sinuosi, ornati di nappine, da portare con lunghe tracolle sopra gli abiti da sera. Massimo affianca sempre più da vicino la madre nella messa a punto delle novità di stagione, seguendo anche ogni fase della lavorazione.
La creatività sperimentale di Braccialini non si arresta nemmeno con il minimalismo degli anni novanta: dopo un primo attimo di disorientamento, e la difficoltà di seguire una tendenza forte che non trova affine al proprio gusto, l'estro di Carla Braccialini riprende gli schemi consueti, cioè la loro totale mancanza. Il rigore di quelle poche linee riempite di nero non fa per lei, e

*The 1980s, with its complicated shapes and profusion of details and types of workmanship, is a period that Carla Braccialini identifies with closely: patchwork, gold-coloured marquetry, materials and colours placed on top of each other, embossing and ribbing with contrasting colours. "There were no limits and we experimented with everything." The bags were large and soft, closing like sacks, or small and curvy, decorated with tassels, to be worn with long shoulder straps over an evening dress. Massimo assisted his mother more and more in developing models for the new season while at the same time following every phase of production.*
*Even the minimalism of the 1990s did not curb Braccialini's creativity. After one disorienting year trying to follow a trend that had virtually nothing in common with her own taste, Carla Braccialini returned to her set path, or, in other words, to the total absence of a set path. The rigour of those few black lines did not work for her, nor for her clients, for that matter, who expect*

*Carla Braccialini durante una festa al Caffè Roma di Milano con dei partner giapponesi, 1981 | Carla Braccialini with some Japanese partners during a party at the Caffè Roma in Milan, 1981*

*Nella sala campionaria della vecchia fabbrica di via Pio Rayna a Coverciano, 1984 | In the showroom of the old factory in Via Pio Rayna at Coverciano, 1984*

**A SINISTRA** / LEFT
*Massimo Braccialini ritratto sul lago di Srinagar, Kashmir, 1985 / Massimo Braccialini portrayed at Lake Srinagar in Kashmir, 1985*

**A FRONTE** / OPPOSITE
*Carla Braccialini durante un viaggio in India nel 1985 / Carla Braccialini during a trip to India in 1985*

nemmeno per i suoi clienti, che dal marchio si aspettano ogni stagione, come dichiarano tutti, "una sorpresa". Dal primo decennio del nuovo secolo, superate le secche stilistiche di un periodo che scatena per reazione il desiderio di eccentricità, di non omologazione, di distinzione, la sorpresa che l'universo sempre più vasto dei clienti Braccialini attende viene spesso accostata ai Temi (si veda il capitolo pp. 9-15 e il capitolo dedicato pp. 125-141): una linea speciale, di modelli unici, che impone a ogni stagione a Carla Braccialini lunghe sperimentazioni nella scelta e nell'accostamento delle pelli e delle lavorazioni. "Ogni volta mi è quasi impossibile immaginare quale sarà il modello preferito dal mercato." Questa è l'unica grande sorpresa che attende lei.

*"a surprise" from the brand every season, as they unanimously profess. From the first decade of the new century, having overcome the stylistic dissatisfaction of a period that provoked in her an opposing yearning for eccentricity and non-conformity, the surprise that the ever-growing Braccialini clientele awaited has often been associated with Themes (see chapter pp. 9–15 and chapter on this subject pp. 125–141). Producing a special new line of unique models every season forces Carla Braccialini to experiment at great length with choices and combinations of leathers and designs. "Each time it is almost impossible for me to imagine which model will do best on the market." This is always the one great surprise for her.*

INDIA
DEL NORD

**IN QUESTE PAGINE** / THESE PAGES
*Massimo Braccialini e la borsa Beat del 1989, la sua prima creazione / Massimo Braccialini and his first creation: the Beat bag of 1989*

**ALLE PAGINE 40-41** / PAGES 40–41
*Patchwork di sete goffrate, passamanerie, trecce e balze indiane ricamate / Patchwork of embossed silks, passementeries, braiding and Indian embroidered flounces*

**SOTTO** / BELOW
*Massimo Braccialini nella sua stanza di lavoro, 2012 | Massimo Braccialini in his workroom, 2012*

**A FRONTE** / OPPOSITE
*Massimo Braccialini in posa insieme a Lorenzo per un servizio fotografico | Massimo Braccialini posing with Lorenzo for a photo feature*

**SOPRA** / ABOVE
*Lorenzo, fra presente e passato | Lorenzo, between past and present*

**A FRONTE** / OPPOSITE
*Riccardo, ritratto nel suo studio, davanti alle foto del viaggio in Amazzonia | Riccardo, portrayed in his office, in front of the photos from his trip to the Amazonia*

*Carla Braccialini durante una premiazione con i figli e il marito, Bernardo Daidone | Carla Braccialini at a prize-giving with her sons and present husband, Bernardo Daidone*

**SOPRA** / ABOVE
*Carla Braccialini con il Presidente della Repubblica Giorgio Napolitano, che le conferisce il titolo di Cavaliere al Merito del Lavoro, 2009 | Carla Braccialini with the President of the Italian Republic, Giorgio Napolitano, as he honours her with the Order of Merit for Labour, 2009*

**ALLE PAGINE 50-51** / PAGES 50–51
*Carla Braccialini con i figli durante la festa per il suo ottantesimo compleanno | Carla Braccialini with her sons at a party to celebrate her eightieth birthday*

# ISPIRAZIONI
# INSPIRATIONS

LA CULTURA DEL BELLO. OVUNQUE SI TROVI
CULTIVATING BEAUTY. WHEREVER IT IS FOUND

Nascere a Firenze è un privilegio. Significa crescere respirando la luce, le atmosfere, i colori delle più importanti opere d'arte del mondo. Significa avere consuetudine con la stessa bellezza che nei viaggiatori, o in chi si avvicini alla città per la prima volta, provoca spesso quella sovreccitazione che, dal giorno in cui un grande scrittore ne venne colpito ammirando la chiesa di Santa Croce, si definisce "sindrome di Stendhal" o, appunto, "sindrome di Firenze". Ma proprio questa sollecitazione costante del senso estetico permette anche di aprirsi al nuovo, da qualunque luogo esso provenga, e di cogliere le suggestioni di paesi e di culture diverse e lontane, facendole proprie, assimilandole alle proporzioni perfette di una facciata o di un quadro ammirato ogni giorno.

*Being born in Florence is a privilege. It means living and breathing the light, atmospheres and colours of the most important works of art in the world, as you grow up. It means being familiar with the kind of beauty that often causes over-excitement in travellers or people who visit the city for the first time: a state known as Stendhal Syndrome (and also Florence Syndrome) ever since the great writer experienced it while admiring the church of Santa Croce. It is precisely this constant stimulation of the aesthetic sense that enables us to be open to the new, wherever it may originate, and to embrace the fascinating aspects of different and distant countries and cultures, making them our own and likening them to the perfect proportions of a façade or a painting admired daily.*

**IN QUESTE PAGINE** / THESE PAGES
*Geometrie | Geometries*

**ALLE PAGINE 52-53** / PAGES 52–53
*Azzurri mediterranei | Mediterranean blues*

*Colori in armonia | Colours in harmony*

Suggestioni tribali | Tribal influences

# 1954
# 1964

Dimensioni contenute, paglie naturali a intreccio, uncinetto di paglia a colori vivaci

*Small size, natural woven straw, crocheted straw in bright colours*

**SOPRA** / ABOVE
*Cestino realizzato con nastri di raso, in nuance di colori, lavorati a maglia. Finiture dei manici e fiocco in gros grain | Basket bag in satin ribbon knit in nuanced colours. Handles and bow with grosgrain finishing*

**ALLE PAGINE 60-61** / PAGES 60–61
*Cesto di paglia di paviera, in cerniera, con chiusura metallica e manico in pelle a concia vegetale | Hinged woven straw bag with metal clasp and vegetable-tanned leather handle*

*Bauletto in pelle di capretto, costruzione a bordino e finiture con fibbie in nickel* / Bauletto *in kidskin, with piping and finishings with nickel buckles*

# 1964
# 1974

Pelle naturale, rifiniture in cuoio, volumi più importanti, tono sportivo, capretti e camosci, lavorazioni a intarsio, tono su tono o in nuance di colori, temi geometrici o floreali, applicazioni di ricamo a zigzag

*Natural leather, leather finishings, bigger volume, sporty look, kidskin and chamois, inlay work, matching or nuanced colours, with geometric or floral motifs, zigzag embroidery appliqués*

**SOPRA** / ABOVE
*Tanti quadretti di pelle di capretto lucido e scamosciato, in nuance di colori, assemblati a mano e uniti da cuciture a zigzag. Manico a torciglione | Infinite squares of shiny and suede kidskin in nuanced colours, assembled by hand and joined with zigzag stitching. Twisted handles*

**A FRONTE** / OPPOSITE
*Servizio pubblicato su "Ars Sutoria", inverno 1975 | Feature published in Ars Sutoria, winter 1975*

**ALLE PAGINE 64-65** / PAGES 64–65
*Borsa in pelle di vitello conciata al vegetale con intreccio e finiture in cuoio testa di moro | Bag in vegetable-tanned calfskin with dark brown leather lattice and finishings*

## I MOTIVI «OPTICALS».

Cubi geometricamente perfetti si staccano dal fondo con effetto a rilievo sul quadrante della grande borsa che BRACCIALINI ha realizzato nei caldi toni panna-beige, perfettamente intonati al soffice tailleur in lana di CARLA AROSIO. Nel riquadro a destra altre due interpretazioni per chi ama un genere più vivace.

● Optical motifs. Perfect geometrical cubes are detached from the background with a relief effect on the face of this big bag which BRACCIALINI has made in warm cream-beige tones, perfectly toning with the soft suit by CARLO AROSIO. In the picture on the right two other interpretations for those who love a more lively style.

● Optikale Motive. Geometrisch perfekte Kuben heben sich vom Boden reliefartig bei der grossen Tasche ab, die BRACCIALINI in den warmen Farbtönen von Beige hergestellt hat die sich einwandfrei dem duftigen Tailleur aus Wolle von CARLA AROSIO anpassen. Rechts sehen wir zwei andere Ausführungen für diejenigen, die die lebhafte Art vorziehen.

● Temas ópticos: cubos de perfecta geometría destacan del fondo, en relieve, sobre la cara del grande bolso que BRACCIALINI ha realizado en los cálidos tonos crema-beige, a tono con el traje de mórbida lana firmado CARLA AROSIO. En el recuadro de la derecha, otras dos interpretaciones para quien prefiere mayor vivacidad de estilo.

*Tipica lavorazione a zigzag. Mix di colori in sfumatura con varie tipologie di capretto. Tracolla a catena intrecciata con pelle / Typical zigzag pattern. Various types of kidskin in a mix of subtle shades. Interwoven chain and leather shoulder strap*

*Una forma particolare e una geometria di pellami diversi in nuance di colori assemblata a mano e cucita a zigzag | An unusual shape, a geometry of different leathers in nuanced colours, assembled by hand and joined with zigzag stitching*

**SOPRA** / ABOVE

*Grande shopping dalla forma semplice ma con una grafica molto particolare. Pelle scamosciata in nuance di colori e manico di pelle a treccia / Large shopping tote with a simple line but very unusual design. Suede leather in nuanced shades of brown with braided leather handle*

**A FRONTE** / OPPOSITE

*Campagna pubblicitaria, autunno/inverno 1975 / Advertising campaign, autumn/winter 1975*

Braccialini
Firenze
BRACCIALINI ROBERTO
Borse fantasia
50135 FIRENZE
via P. Raina, 2
telefono (055) 605.710

*Servizio fotografico del 1973, piazzale Michelangelo, Firenze | Photo feature of 1973, Piazzale Michelangelo, Florence*

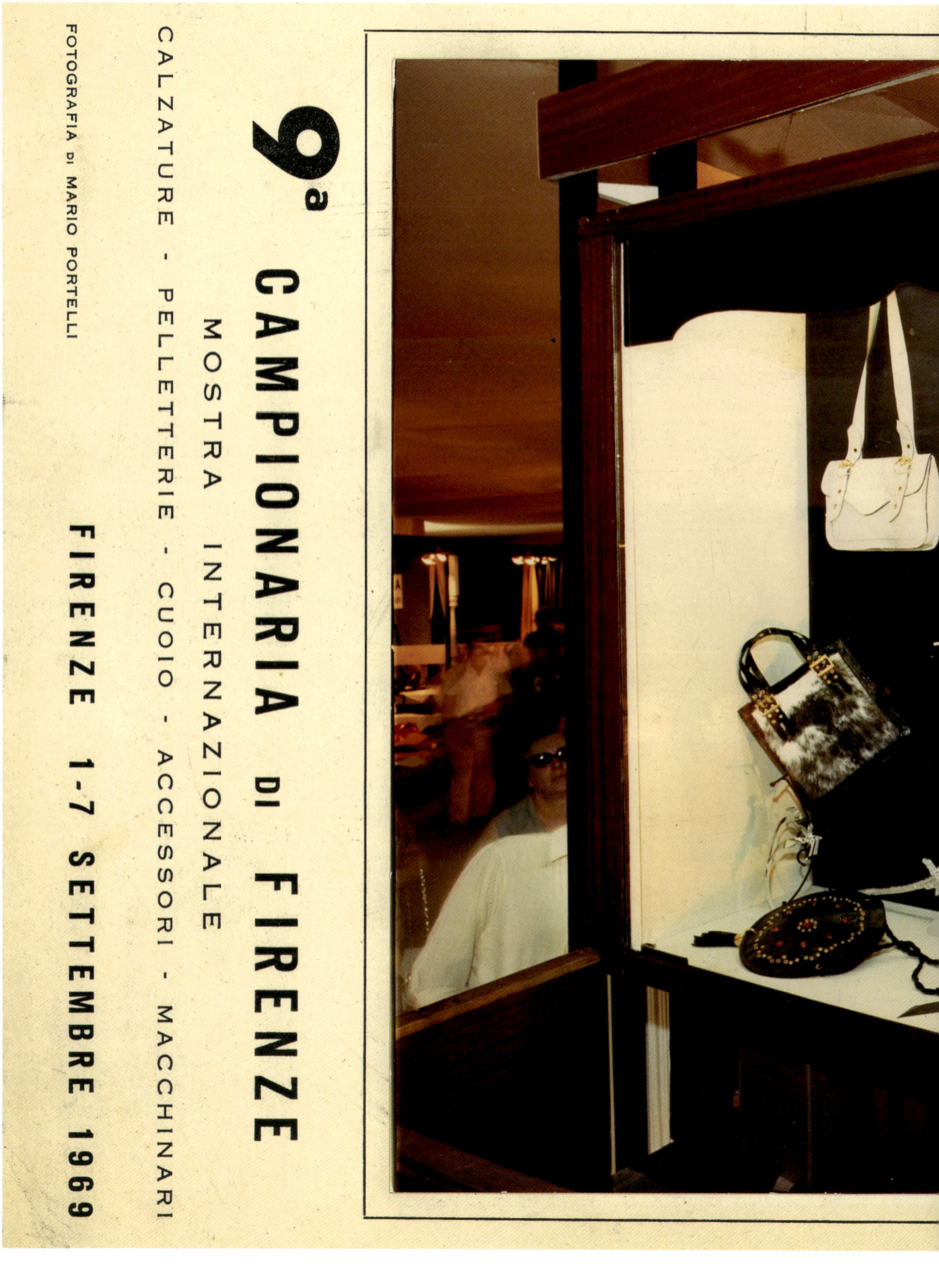
9a CAMPIONARIA DI FIRENZE
MOSTRA INTERNAZIONALE
CALZATURE - PELLETTERIE - CUOIO - ACCESSORI - MACCHINARI
FIRENZE 1-7 SETTEMBRE 1969
FOTOGRAFIA DI MARIO PORTELLI

1216

**SOPRA** / ABOVE
*Borse in vitello effetto cavallino maculato, con rifiniture e manici in capretto, accessori e cerniere in metallo dorato | Bags in calfskin with animalier pony effect, kidskin finishings and handles, gilded metal accessories and hinges*

**A FRONTE** / OPPOSITE
*Borsa in capretto bianco con grandi frange e manico con catene | White kidskin bag with long fringe and chain-link handle*

**ALLE PAGINE 74-75** / PAGES 74–75
*Una delle vetrine della 9ª Fiera campionaria di Firenze, settembre 1969 | One of the display windows at the 9th Florence Trade Fair, September 1969*

# 1974
# 1984

Lavorazioni eclettiche, cordonature, plissettature, goffrature, trecce, nervature, patchwork

*Eclectic techniques, cordage, pleating, embossing, braiding, ribbing, patchwork*

**SOPRA** / ABOVE
*Sacchettina in nappa nera con applicazioni in capretto laminato oro e platino e fettuccine di pelle dorata ricamata | Pochette in black Nappa with appliqués in gold and platinum laminated kidskin and embroidered gilded leather tapes*

**ALLA PAGINE 78-79** / PAGES 78–79
*Borsa in nappa e pellami diversi con cordonature e sovrammettiture, una tecnica innovativa di grande effetto | Bag in Nappa and various leathers with ribbing and overlapping: an innovative technique that creates a truly striking effect*

*Scarpe in capretto scamosciato con passamaneria dorata e intarsi di pelle di colori a contrasto | Shoes in suede kidskin with gilded passementerie and leather inlays in contrasting colours*

*Borsa in nappa pieghettata e placcata con un particolare accessorio in metallo dorato | Bag in crimped and laminated Nappa with an unusual accessory in gilded metal*

*Un'esclusiva lavorazione a treccia di nappa assemblata a mano e cucita a zigzag | An exclusive technique using braided Nappa, assembled by hand and joined with zigzag stitching*

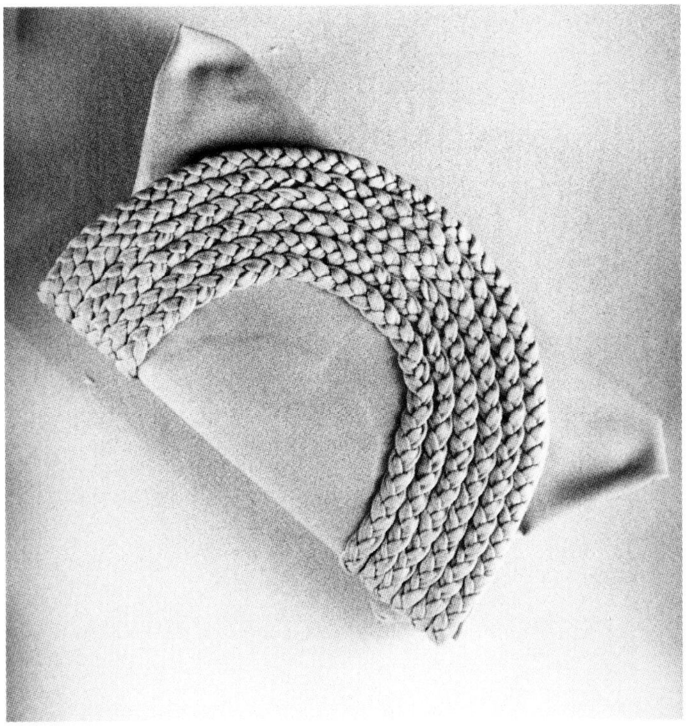
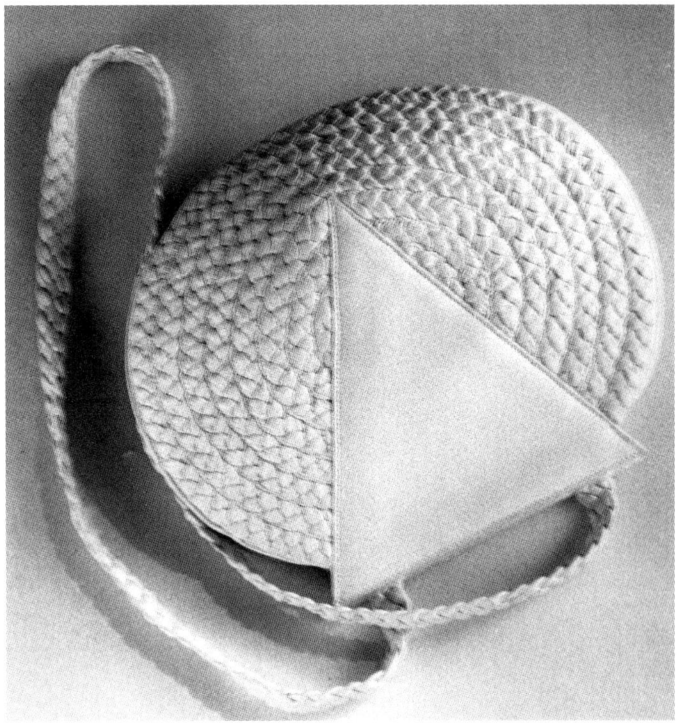

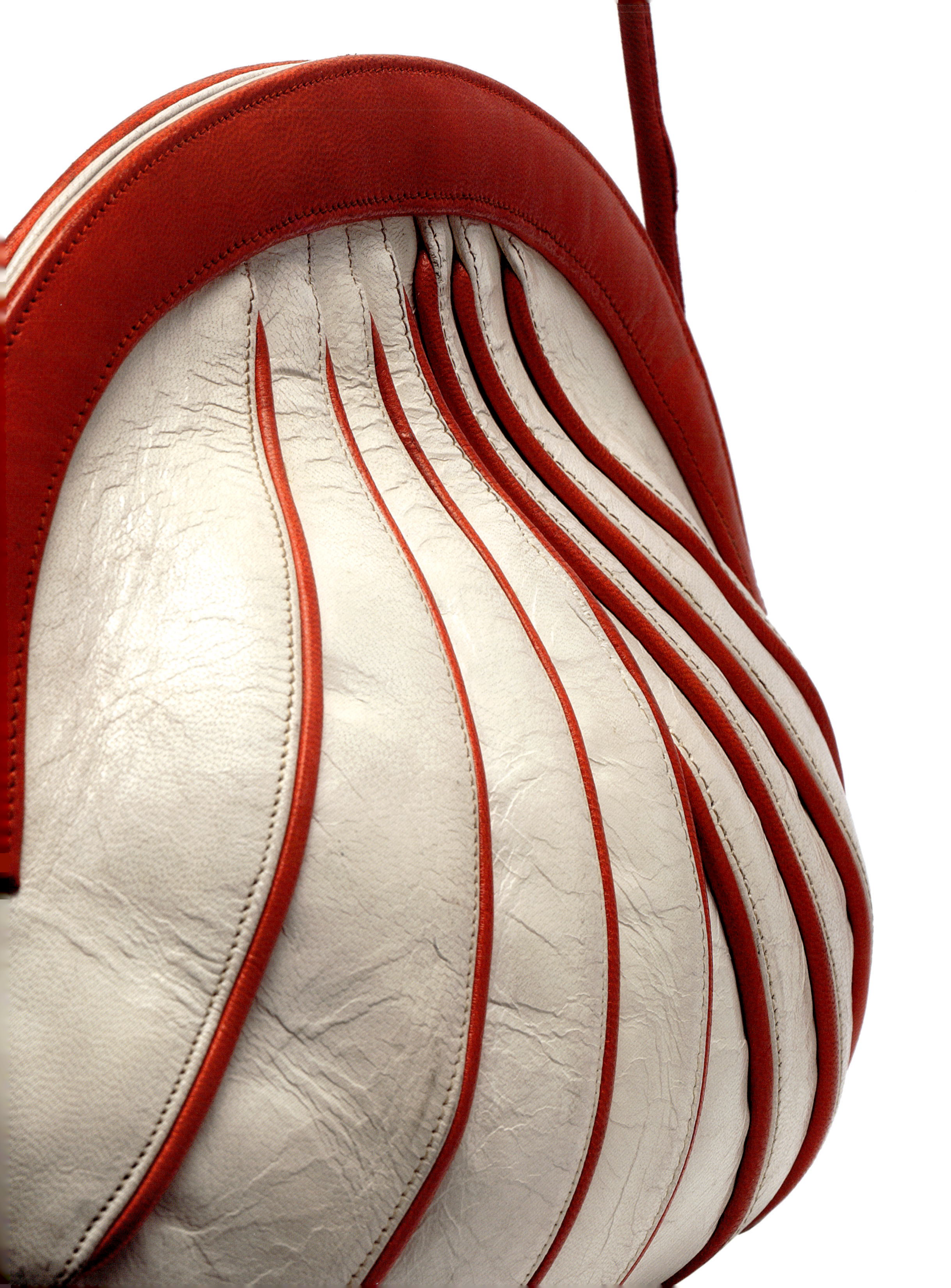

*Tracollina in pelle di capretto con nervature applicate a mano e montate in forma | Small shoulder bag in kidskin leather with ribbings applied by hand*

# 1984
# 1994

Patchwork, intarsi, forme più rigorose, accessori a sbalzo, stampe laminate su pelle

*Patchwork, inlays, sleeker shapes, embossed accessories, laminated prints on leather*

**SOPRA** / ABOVE
*Tracollina in nappa dorata arricciata con pattina in cocco nero metallizzato, arricchita con fiori in pelle lavorati e applicati a mano in nuance di colori* / *Small shoulder bag in gathered gilded Nappa with flap in metallic black crocodile, embellished with flowers worked in leather in nuanced colours, and applied by hand*

**ALLE PAGINE 88-89** / PAGES 88–89
*Bauletto con cerniera e chiusura in ottone dorato, di forma classica, lavorazione patchwork con disegno geometrico in vitello a stampa cocco multicolor* / *Classic* bauletto *with hinge and clasp in gilded brass, patchwork with geometric pattern in multicolour mock croc calfskin*

*Tracollina di vernice a forma di chiocciola, quadrante montato a mano e nervature in vitello | Snail-shaped small shoulder bag in patent leather, hand assembled face and ribbings in calfskin*

**A FRONTE** / OPPOSITE
*Tracollina in nappa di forma lineare costruita a musone e arricchita da rosoni in metallo dorato con smalti multicolori* | *Small shoulder bag in Nappa with simple line and overlapped seams, embellished with gilded metal rosettes decorated with different colour enamels*

**SOPRA** / ABOVE
*Bauletto in nappa, costruzione a bordino, con esclusivi accessori di ottone dorato lavorati a sbalzo* | Bauletto *in Nappa, with piping and exclusive accessories in embossed gilded brass*

*Bauletto di forma lineare, in vitello a stampa cocco, lavorazione a musone* / *Classic mock croc calfskin* bauletto *with overlapped seams*

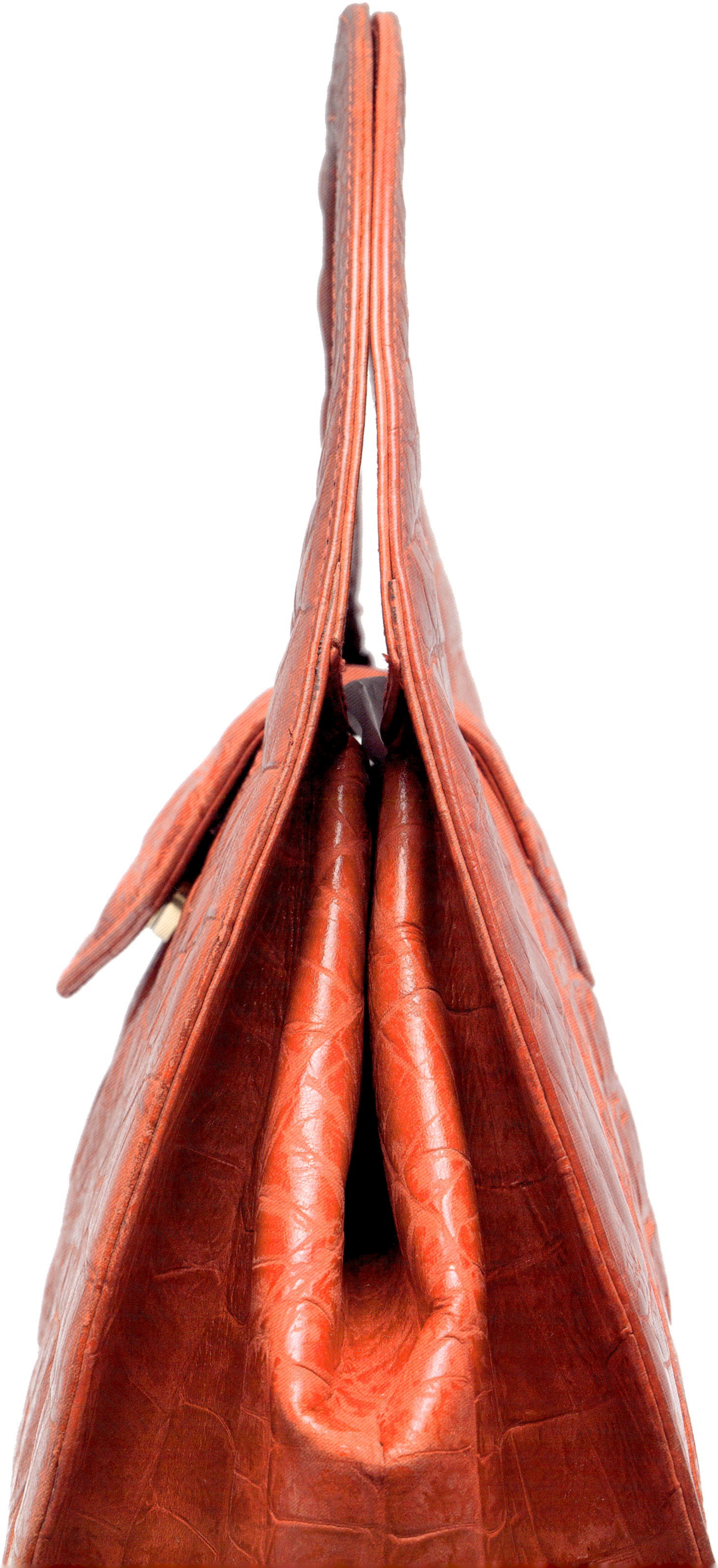

*Sacca a tracolla, in vitello naturale a stampa cocco, lavorazione a burlotto con monete di molteplici provenienze e dimensioni, dorate e ottonate. Campagna pubblicitaria, autunno/inverno 1989 / Shoulder bag in natural mock croc calfskin, with piping and gilded and brass-plated coins of different sizes and currencies. Advertising campaign, autumn/winter 1989*

*Grande shopping di vacchetta al vegetale arricchita di pizzi, seta goffrata, passamanerie, pelli ricamate e fiori di raso dorato. Campagna pubblicitaria, autunno/inverno 1985 | Large vegetable-tanned cowhide shopping tote decorated with lace, embossed silk, passementeries, embroidered leathers and gilded satin flowers. Advertising campaign, autumn/winter 1985*

*Due soffici modelli con lavorazione a patchwork di pelle scamosciata con tanti tipi di stampe dorate assemblate a mano | Two soft bags in gilded suede patchwork with different patterns, assembled by hand*

# 1994
# 2004

Intrecci, ricami, metallerie

*Weaves, embroideries, metal accessories*

**SOPRA** / ABOVE
*Piccola shopping con un importante intreccio realizzato a mano di pelle e velluti in nuance di colori | An eye-catching small shopping bag created with leather and velvet lattice in nuanced colours assembled by hand*

**ALLE PAGINE 100-101** / PAGES 100–101
*Tracollina in vitello a stampa cocco bronzato e anticato, con cerniera in ottone lavorato a sbalzo e arricchita da elementi fantasia | Small shoulder bag in bronze antique mock croc calfskin, with embossed brass hinge decorated with fancy elements*

*Borse di forma classica in vitello a stampa pitone lucido, con grandi accessori dorati e strassati | Classic-shaped bags in shiny mock python calfskin, with large gilded and strassed accessories*

*Una serie di borse in vitello a stampa cocco dorato, grandi balze ricamate con passamanerie, piccole palline dorate e perle montate a mano. Campagna pubblicitaria, primavera/estate 1993 / A trio of bags in gilded mock crock calfskin, with large flounces embroidered with passementeries, small gilded balls and pearls attached by hand. Advertising campaign, spring/summer 1993*

*Tracollina in capretto scamosciato nero con patchwork di disegni diversi ricamati con filo dorato | Small shoulder bag in black suede kidskin with patchwork of different patterns embroidered in gold thread*

*Due borse in vitello a stampa cocco lissato lucido, con accessori formati da tante piccole roselline in metallo dorato / Two bags in shiny glazed mock croc calfskin, with accessories in the shape of a cluster of miniature roses in gilded metal*

*Borsa di forma allungata, in vitello a stampa cocco con nervature dorate e un particolare manico in metallo dorato | Elongated bag in mock crock calfskin with gilded relief details and unusual gilded metal handle*

# 2004
# 2014

Applicazioni, fiori, vitello a stampa animale, metallerie

*Appliqués, flowers, animalier print calfskin, metal accessories*

**SOPRA** / ABOVE
*Bauletto in vitello con una grande rosa che interseca il modello e accessorio in metallo dorato* | Bauletto *in calfskin with large red rose inserted in the leather, and accessory in gilded metal*

**ALLE PAGINE 108-109** / PAGES 108–109
*Divertente cestino estivo con applicazioni di fiori e frutta, vari pellami policromi e ricami fatti a mano* | *An amusing summer basket bag covered with appliqués of flowers and fruit, polychrome leathers and hand embroidery*

*Borsa dalla linea essenziale, con grande logo in metallo dorato e manico con campanelle | Bag of simple design with large logo in gilded metal and handle with ring attachment*

*Morbida sacca in nappa con grandi fiori policromi e una farfalla in pelle dorata, come i manici e la tracolla | Soft bag in Nappa with large polychrome flowers and a butterfly in gilded leather, like the handles and strap*

*Sacca lineare con disegno speculare in nuance di colori, costruzione a filetto | Bag of linear and symmetrical design in nuanced colours, with piping*

*Borsa in tessuto di paglia con accessorio a forma di chiave, ritrovata dopo l'alluvione del novembre 1966 | Woven straw bag with key-shaped accessory, found after the flood in November 1966*

*La stessa borsa riproposta in vitello a stampa cocco sfumato nell'estate 2010 | The same bag in faded mock croc calfskin reproposed in summer 2010*

*Borsa di forma lineare in pelle di vitello effetto cavallino con fiore a due colori applicato a mano e finiture in vitello spazzolato nero / Linear bag in calfskin with pony skin effect, two-tone flower attached by hand and finishings in black brushed calfskin*

*Bauletto in vitello ecrù con impunture, fibbie e accessori dorati e finiture in vitello nero* | Bauletto *in beige calfskin with saddle stitching, gilded buckle and accessories, black calfskin finishings*

*Tracollina in vitello effetto cavallino maculato e finiture in vitello nero, lavorazioni con strass fumé e nappine lavorate | Small shoulder bag in calfskin with animalier pony effect, black calfskin finishings, smoked strass and elaborate tassels*

*Borsa a spalla di tono sportivo in capretto scamosciato bicolore, tasca in vitello effetto cavallino maculato e finiture in vitello a stampa cocco | Shoulder bag with a sporty look in two-tone suede kidskin, pocket in calfskin with animalier pony effect and mock croc calfskin finishings*

*Borsa a mano in vitello ocra e in vitello a stampa struzzo con finiture in vitello nero e accessori dorati / Handbag in ochre calfskin and mock ostrich calfskin with black calf leather finishings and gilded accessories*

*Borsa in vitello a stampa pitone lucido con grandi accessori in metallo dorato | Bag in shiny mock python calfskin with large gilded metal accessories*

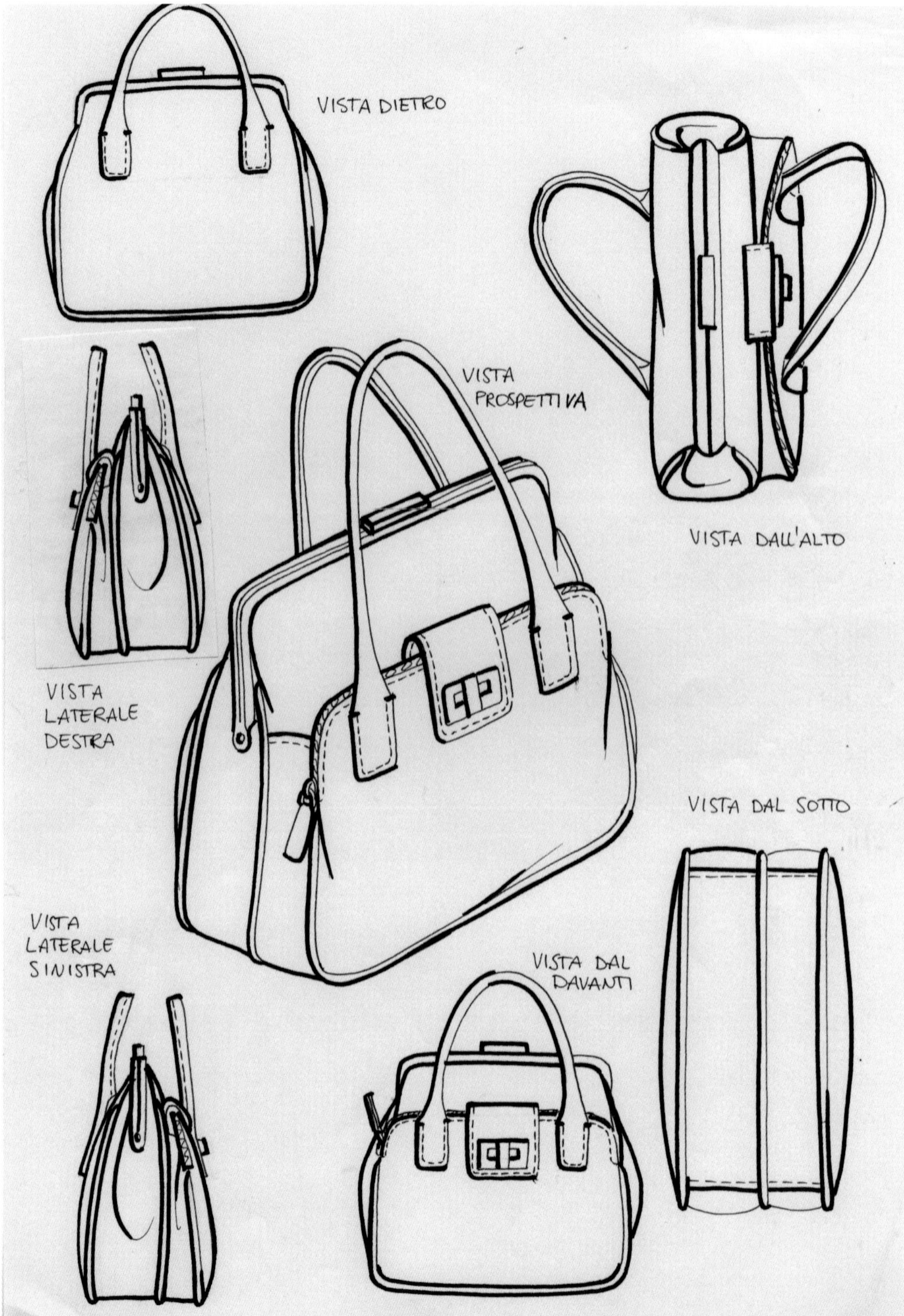


*Modello Clio, 2009. Una borsa iconica, costruita in cerniera, con diverse tasche e grande chiusura metallica. È interpretata e vestita, ogni stagione, in maniera diversa / Clio model, 2009. Iconic hinged bag with various pockets and large metal clasp. A different interpretation and a new look for every season*

*Esempi di lavorazioni realizzate negli anni sullo stesso modello | Examples of patterns created for the same model over the years*

# I TEMI
# THE THEMES

Dal 2003, ogni stagione, in Braccialini nascono tre Temi nuovi. Alcuni, come il Gufo, il Taxi rosso, la Corona, il Clown e la Rana, sono diventati quasi sinonimo del brand, i "pezzi" che chiunque cita spontaneamente, secondo quanto mise in evidenza anche una ricerca di mercato condotta verso la fine del decennio scorso. Braccialini era sinonimo di fantasia, e i Temi la sua realizzazione ideale.

I Temi sono una collezione oltre la collezione, pezzi unici, gioielli di artigianato giocosi solo in apparenza. Spesso, racconta Carla Braccialini, "si rendono necessari anche due o tre mesi per creare un prototipo". Ogni borsa della linea Temi viene interamente realizzata a mano, e costruita "in forma", metodo che presuppone e richiede la più alta lavorazione artigianale: ogni borsa è costituita da cinquanta a cento componenti di base, esclusi gli accessori in metallo, e spesso, come nel caso di un modello 2014, il Camaleonte, la ricerca dei materiali nelle sfumature di colore e nelle lavorazioni adatte comporta ricerche lunghissime e confronti costanti con laboratori ed esperti di pellami.

Sull'origine del primo Tema, il racconto di Carla Braccialini è diventato leggenda e lessico fami-

*Every season since 2003, Braccialini has come out with three new Themes. Some, like the Owl, the Red Taxi, the Crown, the Clown and the Frog, have become veritable emblems of the brand, the "pieces" that most people mention spontaneously, according to market research carried out at the end of the last decade. This research also found that Braccialini is considered synonymous with fantasy, and the Themes their most perfect realisation.*

*The Theme bags are a collection of unique pieces within the collection, which look playful but are actually jewels of craftsmanship. Carla Braccialini maintains that often "it takes as long as two or three months to create a prototype." All the Theme bags are completely handmade and constructed "in form," a method that requires the greatest expertise and high-quality work. Each one is made of fifty to a hundred basic components, not including the metal accessories, and often, as in the case of a 2014 model – the Chameleon – the search for the ideal materials, shades of colour, and appropriate techniques takes enormous time and effort, not to mention hours of consultations with leather experts and workshops.*

liare. La Casina, un bauletto in pellami diversi, a intarsi, applicazioni e ricami, con il tetto in nabuck rosso, la porta tondeggiante a doppio battente, i rampicanti, le tendine in sangallo alle finestre, nacque infatti dopo uno scippo serale in via Tornabuoni, nella sua Firenze: "Mi sentii persa, come se mi avessero privato della mia casa, fu un violento shock", dice. La mattina dopo, "come una sorta di illuminazione", il disegno di questa borsa catartica nasce dalla sua penna, la capostipite di una linea di culto per un pubblico di appassionati. Mai, dice, si aspettava che avrebbe ottenuto un tale successo: l'aveva esposta al Mipel, la fiera della pelletteria a Milano, quasi esclusivamente come elemento decorativo dello stand. E invece, anno dopo anno, la Casina continua a essere richiesta, accanto ai nuovi modelli, e sul web è oggetto di scambi e aste fra appassionati.

*Carla Braccialini's story about the origin of the first Theme has become a family legend. The Casina ("little house") is a small trunk made with several different leathers, inlays, appliqués and embroidery, a red nabuck roof, a rounded double door, vines, and lace curtains in the windows. This extraordinary bag was first conceived after she was robbed one night on Via Tornabuoni in Florence. "I felt lost, as if my house had been taken from me. It was a terrible shock." The next morning, "in a sort of revelation," a drawing of this cathartic bag flowed from her pen, the forerunner of the line that became a cult object for devoted fans. Never did she expect that the bag would have such a resounding success, she confessed. In fact, she displayed it first at MIPEL, the leather goods trade fair in Milan, more or less just to decorate the stand. And yet, year after year, enthusiasts continue to seek out the "little house," alongside the newer models, and to exchange and auction it online.*

**A FRONTE** / OPPOSITE
*Pagliaccio, 2006, visto dai due lati | Clown, 2006, seen from front and back*

**SOPRA** / ABOVE
*I Temi marini. Cabina, estate 2010; Pesce, estate 2006; Nave, estate 2004; Pappagallo, estate 2004 | The Sea Themes. Beach Hut, summer 2010; Fish, summer 2006; Ship, summer 2004; Parrot, summer 2004*

**A PAGINA 124** / PAGE 124
*Casina, 2003, il primo Tema | Little House, 2003, the first Theme bag*

*I Temi preziosi. Corona, inverno 2004; Taxi oro, estate 2005; Violino, inverno 2012; Chiocciola, inverno 2005 | The Precious Themes. Crown, winter 2004; Golden Taxi, summer 2005; Violin, winter 2012; Snail, winter 2005*

*Gufo, autunno/inverno 2007-2008. Uno tra i Temi più amati è il Gufo reale. Lavorazione altamente artigianale con costruzione in forma, pelle di capretto laminata in oro e macchiata a mano, abbinata a pelle di vitello effetto cavallino / Owl, autumn/winter 2007–2008. One of the most popular Themes is the Eagle Owl. Exquisitely crafted shaped bag in hand-stained gold laminated kidskin and calfskin with pony effect*

**SOPRA** / ABOVE
*I Temi in movimento. Fuoristrada | 4 wheel drive, estate 2013; Diligenza, estate 2005; Van Flowers, estate 2006; Dirigibile, estate 2007 | Themes in Motion. 4-Wheel Drive, summer 2013; Stagecoach, summer 2005; Van Flowers, summer 2006; Airship, summer 2007*

**ALLE PAGINE 130-131** / PAGES 130–131
*Girasole, estate 2007 | Sunflower, summer 2007*

*Flower Express, collezione primavera/estate 2014. Una sapiente costruzione in forma che riproduce il veicolo del fioraio: un'opera di alta maestria artigianale che rappresenta il fascino dell'Italia degli anni cinquanta e sessanta. Thanks to Piaggio & co SpA | Flower Express, spring/summer collection 2014. A skilful reconstruction of a flower-seller's van: a superb piece of craftsmanship that embodies the charm of Italy in the 1950s and 1960s. Thanks to Piaggio & co SpA*

**SOPRA** / ABOVE
*I Temi nel bosco. Ranocchio, inverno 2006; Cerbiatto, estate 2012; Riccio, inverno 2008; Scoiattolo, inverno 2011 | Woodland Themes. Toad, winter 2006; Deer, summer 2012; Hedgehog, winter 2008; Squirrel, winter 2011*

**ALLE PAGINE 134-135** / PAGES 134–135
*Pavone, inverno 2008 | Peacock, winter 2008*

*Fungo, collezione autunno/inverno 2011-2012. La maestria degli artigiani trasforma il disegno di un funghetto di bosco in una borsa costruita in forma e interamente a mano con vari pellami | Toadstool, autumn/winter collection 2011–2012. Skilled artisans transformed the toadstool design into a shaped bag in various leathers, made entirely by hand*

*I Temi fantasia. Cestino delle calle, estate 2012; Casina di marzapane, estate 2009 | Fanciful Themes. Basket of Calla Lilies, summer 2012; Marzipan House, summer 2009*

*Tartaruga, collezione primavera/estate 2006. Una graziosa tartaruga con il guscio completamente ricoperto di strass a sfumatura di colore realizzata in vitello stampa pitone / Tortoise, spring/summer collection 2006. A charming tortoise in mock python calfskin, with shell completely covered in nuanced multicoloured strass*

*I Temi in black & white. Fisarmonica, inverno 2012; Cigno nero, inverno 2007; Telefono, inverno 2006; Sveglia, inverno 2005 | The Black and White Themes. Accordion, winter 2012; Black Swan, winter 2007; Telephone, winter 2006; Alarm Clock, winter 2005*

*Treno, collezione primavera/estate 2005. Un Orient Express in miniatura realizzato in pelle di capretto in bianco e nero / Train, spring/summer collection 2005. A miniature Orient Express in black and white kidskin*

VIAGGIO
IN
ITALIA

# LE CARTOLINE
# THE POSTCARDS

UN MESSAGGIO IN UNA BORSA
A MESSAGE IN A BAG

Un souvenir; un ricordo o il desiderio di un viaggio futuro. Dalla linea Tua by Braccialini, sviluppata a partire dal 1990 e destinata a un pubblico giovane, nasce la collezione Cartoline. Paesaggi, storie e suggestioni dalle città più belle d'Italia e del mondo, da luoghi familiari o magici e lontani, borse costruite per sovrapposizioni di materiali diversi. La prima, ideata sul filo di un pensiero puramente creativo, raffigurava "una silhouette femminile e un paesaggio nel quale a tanti sembrò di riconoscere Capri", racconta Carla Braccialini. Da allora, attorno a quelle storie e a un invito ricamato sul retro della borsa, il classico "saluti da...", sono nate Taormina, Firenze, Venezia, Roma... Luoghi fisici, geografici, ma anche sentimentali e fantastici. Ogni stagione cambiano il racconto, il luogo e l'emozione.

*A souvenir; a memento or dream of a future trip. The Cartoline (Postcards) collection is the latest addition to the Braccialini Tua (Yours) line, first developed in 1990 for a young public. Views, stories and images that conjure the most beautiful cities in Italy and the world, familiar or magical faraway places, created by superimposing different materials. The first one, based on a purely imaginative idea, depicts "a female silhouette and a landscape that many people seem to recognise as Capri," recounts Carla Braccialini. These stories and the inviting classic "Greetings from..." embroidered on the back of the bag, have produced models like Taormina, Florence, Venice, Rome... Real, geographical locations, fantastic, romantic places. The story, the place and the emotion change every year.*

*La prima serie delle Cartoline dedicata alle città italiane, primavera/estate 2005 / The first Postcards series devoted to Italian cities, spring/summer 2005*

Saluti da
FIRENZE

Saluti da
VIAREGGIO

*Il viaggio*

*I paesi del mondo*

*Le fiabe*

*Gli innamorati*

# RACCONTI IN VETRINA
## TALES BEHIND THE PREMISES

*"Un giorno di qualche anno fa, mentre stavamo togliendo dagli imballaggi le borse della nuova collezione Braccialini, entra la moglie di un nostro collaboratore annunciandogli che sarebbe diventato presto papà. Lui, emozionatissimo, finisce di estrarre la borsa dal cellophane e scopre che era ricamata con una cicogna. Un segno del destino, e un augurio bellissimo."*

*"One day, some years ago, while we were unpacking the bags from the new Braccialini collection, the wife of one of our collaborators came in, announcing that he was soon to be a father. Thrilled to bits, he finished taking a bag out of its cellophane wrap and discovered that it was embroidered with a stork. A sign of destiny, a wonderful omen."*

PIERO SCALIA
SCALIA PELLETTERIA, PALERMO

*"Una borsa Braccialini fu il primo regalo di mio padre alla mamma, nel 1962. Era in paglia a più colori, rosso, verde, nero e blu, con la parte centrale in legno: scoprì solo dopo che la famiglia della sua fidanzata possedeva un negozio di pelletteria! Diventarono clienti due anni dopo."*

*"A Braccialini bag was my father's first gift to mother in 1962. It was made of different coloured straw – red, green, black and blue – and had a central part in wood: it was only afterwards that he discovered his fiancée's family had a leather goods shop. They both became customers two years later."*

MONICA CUCCUINI
CUCCUINI GABRIELLA, LIVORNO

*"Come raccontare un rapporto di vero affetto? Gli affetti si vivono."*

*"How can you describe a love relationship? Feelings are experienced."*

PAOLO OLEGGINI
OLEGGINI ABBIGLIAMENTO, MASSA

*"I Braccialini hanno sempre avuto idee eccezionali. Nel 1988 realizzarono una borsa ricoperta di rose di camoscio; la vollero tutte le mie clienti; quando la portavano con sé, sembrava che indossassero un abito da sera."*

*"The Braccialini have always had extraordinary ideas. In 1988 they created a bag covered with suede roses. All my customers wanted one, and when they carried the bag it was as if they were wearing an evening dress."*

COSTANZA SABATINO
MAXIM, ROMA

*"Per uno dei nostri eventi in boutique, organizzammo una sorpresa a Carla Braccialini, facendole trovare due indossatrici con i volti truccati come due dei suoi Temi di maggiore successo, il Clown e la Rana, e le nostre clienti, tutte in fila per farsi firmare la borsa."*

*"For one of our evenings at the boutique we organised a surprise for Carla Braccialini: she arrived to find two models made up as two of her most successful Themes, the Clown and the Frog, and all our customers standing in line to get their bag signed."*

LILIANA PUCCI
PUCCI PELLETTERIE, CATANIA

*"C'è una clientela Braccialini vera e propria, affezionata e fedele, che attende ognuno di quei modelli così particolari con curiosità e anticipazione."*

*"There is bona fide Braccialini clientele who, attached and loyal, await every one of the highly original models with curiosity and eagerness."*

CORRADO ZICHE
PELLETTERIA NEVA, VICENZA

*"Ho clienti che mi telefonano chiedendo il nuovo Tema visto sulla stampa o in pubblicità per la loro collezione. La mia preferita resta la macchina, il Taxi rosso; i fiori, però, sono andati a ruba."*

*"There are clients who call me and ask for the new Theme they've seen in the press or in an advertisement, to add to their collection. My favourite is still the car, the Red Taxi; but the flowers sold like hot cakes."*

EUGENIO SABBADINI
SABBADINI, ROMA

*"Il nostro negozio ha ottant'anni, ho iniziato a frequentare i Braccialini da bambina: con Riccardo siamo coetanei. Ricordo i nostri incontri in fiera, al Mipel, io con mia nonna, lui con i suoi genitori che esponevano. Definire il nostro un rapporto di lavoro sarebbe difficile."*

*"Our store is eighty years old. I began to mix with the Braccialini when I was a little girl: Riccardo and I are the same age. I recall our meetings at the trade fairs, at MIPEL, me with my grandmother, he with his parents who were showing there. You could hardly call ours a working relationship."*

MONICA BERTONI
BERTONI, COMO

braccialini

# UNA FAVOLA PER IMMAGINI
# A FAIRYTALE IN IMAGES

L'ARTE DIFFICILE DI COMUNICARE UN MONDO SEMPRE NUOVO
THE DIFFICULT ART OF COMMUNICATING AN EVER-CHANGING WORLD

Un semplice biglietto da visita, scritto in caratteri graziati, lontanissimi dal logo lineare di oggi: "Roberto Braccialini. Lavorazione in paglie. Via Cerretani, 12. P. II. Firenze". È la prima comunicazione ufficiale che testimoni la presenza dell'azienda nel tessuto imprenditoriale e artigianale fiorentino. In quella prima metà degli anni cinquanta, la Roberto Braccialini è una realtà agli albori della propria storia, non fa pubblicità e non potrebbe essere altrimenti. All'epoca, e dire che sono passati solo sessant'anni, la pubblicità degli accessori non è affatto comune sulle riviste di moda, né sui cartelloni stradali, tanto meno predominante come oggi. Per altri due decenni – e proprio Braccialini è fra i primi a interrompere una consuetudine – redazionali, articoli di moda e la stessa pubblicità presentano infatti quasi esclusivamente abiti, cappelli, inevitabilmente scarpe, sebbene di rado fotografate da sole a fini promozionali. La borsa, accessorio pur amato, simbolo di una autonomia che si va conquistando a poco a poco e che diventerà evidente proprio con la nascita delle "postine" e dei secchielli anni settanta, non appare mai come un elemento determinante dello stile, del look proposto nei servizi. Non appare, semplicemente, oppure si trova in una posizione di secondo piano, marginale. Se si volessero confrontare anche solo cinque decenni di una stessa testata, questa differenza salterebbe subito agli occhi.

L'evoluzione, lo scatto iniziale arriva appunto negli anni della contestazione, quando la borsa femminile inizia ad accogliere elementi importanti della

*It was just a simple business card written in graceful letters saying, "Roberto Braccialini. Works in straw. Via Cerretani, 12. P. II. Florence." This communication – a far cry from the linear logo of today – is the first official documentation of the company's existence in the entrepreneurial artisan world of Florence. At that time, in the mid-1950s, Roberto Braccialini's company was only just beginning and it certainly had no genuine advertising; nor could it, actually. Back then – even though it was only sixty years ago – it was almost unheard of for accessories to be advertised in fashion magazines or on billboards. For two more decades, fashion magazines and articles and even advertising featured almost exclusively dresses, hats and of course shoes, and even these were rarely photographed alone for advertising purposes. In fact, Braccialini was among the first to breach this convention. The handbag never appeared as a key element of the featured style or look, even if it was a beloved accessory and symbol of an ever-growing autonomy, as expressed most clearly with the popularity of the "mailbags" and handbags of the 1970s. Bags appeared only marginally, in the background, or not at all. In fact, if one chose to compare five decades of a single magazine, this difference would be quite striking.*

*The first boom and real progress came during those years of protest. First of all, women's bags began to reflect significant elements of women's daily lives, which were increasingly spent outside of the home; secondly, the need to advertise grew as bags became*

*Uno, due, tre elementi da aggiungere o da togliere a seconda delle necessità o una forma a roulot ben compatta: ci riferiamo alle spiritose creazioni di BRACCIALINI. Abbigliamento in pelle BARBIERI.*

•

**One, two, three elements to be added or substracted according to necessity and fancy roller or sausage shapes for BRACCIALINI's witty creations. Leather clothes by BARBIERI.**

•

**Un, deux, trois éléments qui s'ajoutent ou se retranchent suivant les nécessités, bien roulés ou débités en saucisses, pour ces facétieuess créations de BRACCIALINI. Habillement en peau de BARBIERI.**

•

**Eins, zwei, drei Elemente zuzufügen oder wegzunehmen entsprechend dem Bedarf oder eine gut kompakte Roulotform: wir beziehen uns auf die geistreichen Kreationen von BRACCIALINI. Lederbekleidung BARBIERI.**

•

**Uno, dos, tres elementos para agregar o quitar según la necesidad o una forma a «roulot» bien compacta: nos referimos a las graciosas creaciones de BRACCIALINI. Prendas en piel BARBIERI.**

Calze: Malerba - Gioielli: Sharra Pagano

**A SINISTRA** / LEFT
*Servizio pubblicato su "Ars Sutoria", inverno 1978* / *Feature published in* Ars Sutoria, *winter 1978*

**A FRONTE** / OPPOSITE
*Campagna pubblicitaria, autunno/inverno 1974* / *Advertising campaign, autumn/winter 1974*

**A PAGINA 150** / PAGE 150
*Campagna pubblicitaria 2012* / *Advertising campaign 2012*

vita quotidiana delle donne, trascorsa più spesso fuori casa, e la necessità di pubblicizzarla si palesa con la sua progressiva differenziazione e la sua disponibilità a prezzi più contenuti. Borse innanzitutto più leggere, che si ha voglia di cambiare spesso. Borse che si accompagnano a una moda pensata per un pubblico sempre più giovane, dunque più colorate, almeno in apparenza meno costruite, di sicuro meno costose. E quindi borse "firmate" o "griffate", come si inizia a dire in quegli anni di offerta sempre più ricca, ma in cui proprio per questo è necessario saper distinguere, poter capire, e scegliere bene. La moda e chi la fa sono "in"; chi ne è fuori è "out".

La pubblicità e i redazionali delle riviste di moda diventano dunque un'esigenza anche per Braccialini. I

*cheaper and more individualised, but most importantly, they were lighter and women began to enjoy changing them on a regular basis. Conceived for a younger and younger public, bags became more brightly coloured, less constructed (at least visibly), and certainly less expensive. These were the "signed" or "designer" bags, as they were called. As the offer grew more and more diverse, it became more and more essential to know how to distinguish and understand in order to choose well. Fashion and trendsetters were "in" and whatever and whoever was not "in" was "out."*

*Inevitably, the advertising and articles in fashion magazines became a necessity for Braccialini. The text of the first advertisements was long and elaborate, conceived for a clientele still unaware of the* prêt-à-

braccialini
borse fantasia
50135 Firenze via P. Raina, 2 tel. 60.57.10

*Campagna pubblicitaria, autunno/inverno 1975 | Advertising campaign, autumn/winter 1975*

**SOPRA** / ABOVE
*Servizio pubblicato su "Ars Sutoria", autunno 1975 | Feature published in* Ars Sutoria, *autumn 1975*

**A PAGINA 156** / PAGE 156
*Campagna pubblicitaria, primavera/estate 1977 | Advertising campaign, spring/summer 1977*

**A PAGINA 157** / PAGE 157
*Servizio pubblicato su "Ars Sutoria", primavera 1977 | Feature published in* Ars Sutoria, *spring 1977*

testi di quei primi annunci – lunghi, articolati, pensati per un cliente che deve ancora prendere coscienza della moda prêt-à-porter, ma anche della qualità e della destinazione d'uso di quelle borse così speciali, così uniche – differiscono in poco da quelli che si sarebbero potuti trovare su riviste degli anni venti come "Lidel" o anche del secolo precedente, quando la mancanza di fotografie imponeva di affiancare ai disegni e ai figurini spiegazioni dettagliatissime: "Insostituibili per un'estate spensierata e per la vela, le giovanissime sacche in vari colori, realizzate con speciale tessuto cerato".

Sono gli anni in cui Lorenzo Braccialini, la testolina incorniciata di riccioli biondi, colto in una delle risate prive di pensieri dei bimbi piccolissimi, viene fotografato in una borsa bianca, uno dei "valigiotti" come li definisce la stampa dell'epoca, e trasportato per le due maniglie dai due fratelli maggiori. La rivista di settore "Ars Arpel" fotografa le vetrine dei negozi internazionali in cui Braccialini occupa uno spazio

porter *style and of the quality or potential use of such special, unique bags. These adverts differed little from those found in magazines from the 1920s like* Lidel, *or even from the previous century, when the lack of photographs meant that adverts needed highly detailed explanations to accompany the fashion-plates. "Irreplaceable for a carefree summer and for sailing, these youthful bags come in a variety of colours and are made with special oilcloth."*

*These are the years when Lorenzo Braccialini was photographed laughing gleefully, his little face framed by blond curls, as he sat in a white "overnight bag," as they were called in the press at the time, with his two older brothers carrying it by the two handles. Other photographs were taken by the sector magazine* Ars Arpel, *which sought out shop windows around the world displaying Braccialini bags and sports duffel bags, with their well-worn look. Bags were not yet an iconic object or an end in itself, however; they were instruments, means to live*

moda del colore è il
a che ricorre in tutte
ollezioni di
ACCIALINI. In questa
va, listelle in vernice
ratissime decorano i
dranti ed i manici
nando anche origina-
mi motivi.

All of BRACCIALINI's things are bright with color and a wonderful example is this summer bag with colourful patent leather strips which are used to decorate the quadrants and the handles in a most original way.

Daily Blue

**A FRONTE** / OPPOSITE
*Campagna pubblicitaria, primavera/estate 1988 / Advertising campaign, spring/summer 1988*

**ALLE PAGINE 160-161**
PAGES 160–161
*Campagna pubblicitaria, autunno/inverno 1985 / Advertising campaign, autumn/winter 1985*

rilevante: borse e borsoni sportivi, dall'aria vissuta. La borsa non è ancora fine e oggetto iconico; è strumento, mezzo per vivere la vita che tutte vogliono e che ruota attorno a un aggettivo magico: giovane.
Nel decennio successivo, tutto cambia. Più ci si addentra negli anni ottanta, più la figura umana perde di rilevanza a favore della borsa, del marchio in evidenza: il modello entra di prepotenza in primo piano; se ne percepiscono i dettagli, l'effetto complessivo, che deve essere evocatorio. Ma anche in quegli anni di status esibito, di edonismo sfacciato, Braccialini sviluppa un proprio linguaggio. Coerente e in linea con le tendenze del periodo, però mai succube delle grandi tendenze, del mainstream. I modelli stessi delle borse sono i primi strumenti di comunicazione per quest'azienda che, se si volesse identificarne la linea e la strategia in un unico sostantivo, non potrebbe essere altro che la "sorpresa". È l'espressione più usata dai clienti Braccialini quando si parla con loro di un rapporto e di collaborazioni quasi sempre pluridecennali con il marchio e con la famiglia, e nessuna, del resto, potrebbe essere più adatta: ogni modello ha una storia da raccontare, un proprio mondo di riferimento ben specifico.
Con il nuovo millennio, e l'affermazione dei social network, si evolve anche il marketing mix della strategia Braccialini. Serate, opening che richiamano

*the life everyone desired, which revolved around that magic adjective – youthful.*
*Everything changed, however, in the following decade. As the 1980s progressed, the human figure began to pale beside the bag and its clearly visible label. The bag dominated the foreground, so details could be appreciated and the overall effect evoked. But even in those years of flaunted status and unabashed hedonism, Braccialini developed its own language, consistent with the latest trends but never slave to them or the mainstream. Anyway, the different bag models are the primary communication tools for this company, whose strategy can be summed up in a single word: "surprise." This is the term most frequently used by Braccialini clients during interviews about their relationship or collaboration with the brand and the family that almost always go back decades, and it is indeed the most appropriate one. Each model has a story to tell, its own specific world of reference.*
*With the new millennium and the explosion of social networks, the marketing mix of the Braccialini strategy continued to evolve, principally with evenings and openings that attracted the most unexpected fans, including not only actresses but also distinguished professionals in fields having little to do with fashion, such as publishing, culture, and law. Opportunities*

PH.: PIETRO PRIVITERA FLOR/ITALIA
braccialini

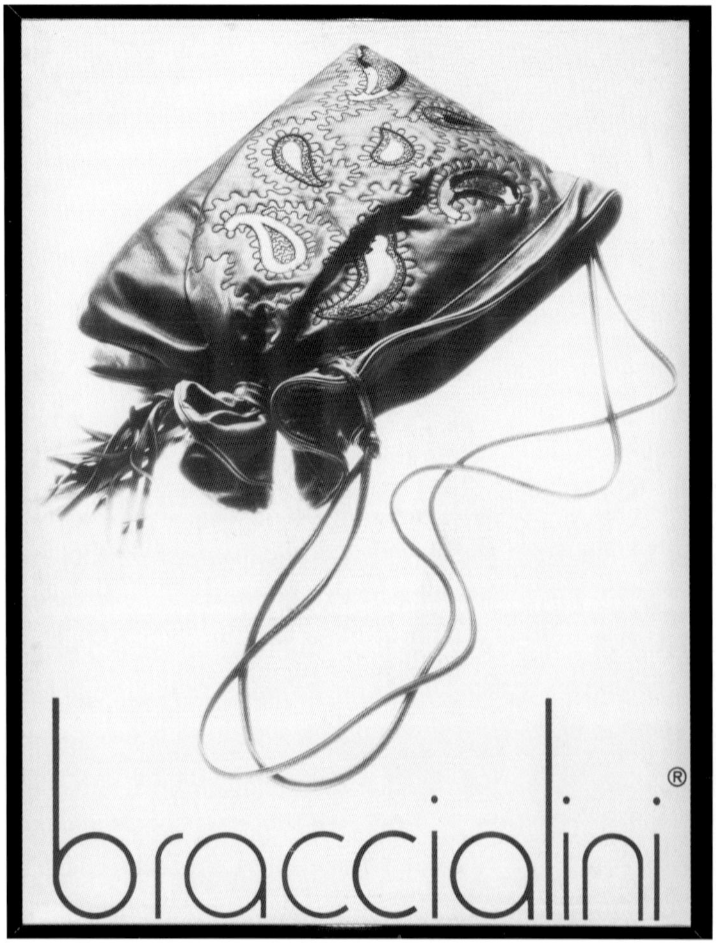


le fan più inattese, non solo attrici ma anche grandi professioniste dell'editoria, della cultura, del diritto, lontanissime dal mondo della moda. Le opportunità di mescolare piani di comunicazione e possibilità espressive vengono mostrate dai Braccialini con due sfilate immaginifiche ideate da Elvis Pompilio, che a distanza di pochi anni (l'ultima è del 2011) dimostrano come le borse siano in grado di reggere perfettamente e praticamente da sole scene, passerelle e flash dei fotografi in fondo alla sala. Gli eventi, parola magica di questa nuova stagione globale, si affiancano dunque in modo sempre più significativo alla pubblicità classica.
Lorenzo Braccialini, che dopo la laurea in economia e una prima esperienza a Londra e poi all'investor relations della Burani Fashion Group, ha voglia di partecipare all'impresa di famiglia, trova lo sviluppo della comunicazione molto congeniale alla propria persona-

*to join communication plans and expressive possibilities were seen in the two imaginative fashion shows conceived by Elvis Pompilio, that two years hence (the last show was in 2011), testify to the ability of these bags to command the scene, to handle the catwalk and the flashing of the photographers virtually on their own. Increasingly, advertising in its traditional forms is being supplemented by events – that magic word of the new global season.*
*After graduating in economics, working in London, and in investor relations with the Burani Fashion Group, Lorenzo Braccialini chose to come home to the family business. He finds communication development quite well-suited to his personality and his longtime curiosity about the history of the business and those who made it great. It is no surprise that Lorenzo, who wrote his thesis on the Rothschild family and cannot get enough of biographies, is the family histo-*

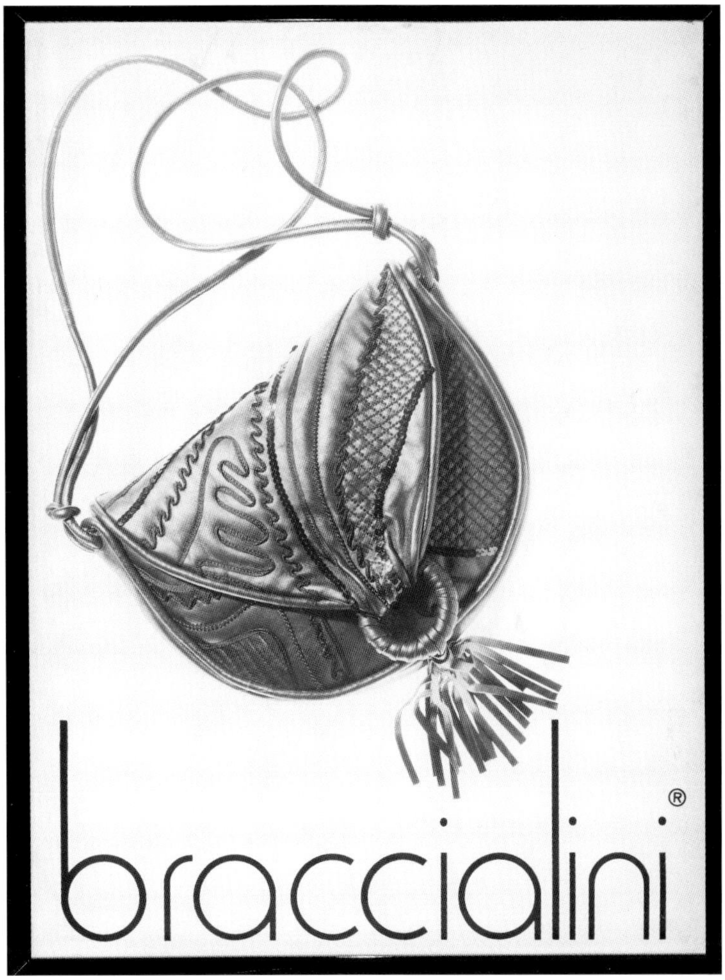


lità e alla curiosità che prova, da sempre, per la storia delle imprese e di chi le ha costruite. È lui, lettore accanito di biografie, laureato sulla storia della famiglia Rothschild, lo storiografo di famiglia. Ed è lui che, non avesse intrapreso questa carriera, avrebbe voluto fare il giornalista storico-economico, mescolando dunque competenze trasversali a un interesse vero, autentico, per le persone e i loro racconti. Rientrano in questo suo progetto di sviluppo e comunicazione ad ampio raggio sia il museo, sia il Lab, un hub creativo riservato a giovani fashion designer, web designer, neolaureati in discipline del marketing e della comunicazione, "purché accomunati dalla passione per il proprio lavoro e pronti a portare idee nuove".

*rian. Had he not embarked on this career, he would have chosen to be a history and economics journalist, blending a wide variety of aptitudes in a true, deep interest in people and their stories. His wide-ranging development and communication plans include both the museum and the Lab, a creative hub for young fashion designers, web designers, and new graduates in marketing and communications "who share a passion for their work and a desire to contribute new ideas."*

*Campagna pubblicitaria, autunno/inverno 2013 | Advertising campaign, autumn/winter 2013*

**SOPRA** / ABOVE
*Campagna pubblicitaria, primavera/estate 2013 / Advertising campaign, spring/summer 2013*

**ALLE PAGINE 164-165** / PAGES 164–165
*Campagna pubblicitaria, primavera/estate 2014 / Advertising campaign, spring/summer 2014*

# QUELLA FACCIATA NASCOSTA DAL VERDE
# THE FAÇADE HIDDEN BENEATH THE GREEN

VIAGGIO IN UNA FABBRICA STORICA CHE SEGUE LE REGOLE DEL FENG SHUI
JOURNEY THROUGH A HISTORIC FACTORY BASED ON THE PRINCIPLES OF FENG SHUI

È mercoledì 16 dicembre 2009 quando Carla Braccialini e i tre figli Riccardo, Massimo e Lorenzo organizzano uno "scoppiettante cocktail natalizio", secondo quanto annuncia un comunicato, nella nuova sede di Scandicci. Le vendite dell'anno sono state brillanti, e quella sera tutti vogliono divertirsi. Tra gli ospiti, intrattenuti anche da un mangiafuoco, si fa notare la squadra femminile di pallanuoto Fiorentina Waterpolo di serie A. I muri e i pavimenti bianchi risplendono sotto le luci. C'è voglia di far festa e di scherzare: l'edera, acquistata in centinaia di esemplari adulti, ha preso ad arrampicarsi sui muri esterni di questo grande stabilimento giardino ispirato ai principi del feng shui, di cui si parla già da un anno. "Braccialini pensa green"; "Braccialini cresce con la fabbrica feng shui"; "Braccialini cresce e punta sulla nuova fabbrica"; "Braccialini, l'ecoazienda del futuro è qui".
La stampa quotidiana scrive di Chan Tit-Kwan, maestro dell'antica disciplina, chiamato da Hong Kong per disporre secondo la disciplina geomantica taoista porte e arredi, mentre le testate femminili colgono lo spunto per imbastire servizi sull'opportunità di applicare gli stessi principi del brand di moda alla disposizione di casa, riproducendo anche i primi *renderings* del nuovo immobile come esempio e ispirazione: un lungo parallelepipedo coperto di verde, come un giardino verticale, sul quale spicca, appuntata come una spilla, la grande rosa rossa del logo, e attorno un'alternanza calibrata di verde e di spazio libero per il posteggio. Nell'immaginario mondiale, che legge il nome di questa località in calce ai documenti e alle bolle di accompagnamento dei prodot-

*On Wednesday 16 December 2009, Carla Braccialini and her three sons Riccardo, Massimo and Lorenzo organized a "scintillating Christmas cocktail" – as it was described in a press release – in the new headquarters at Scandicci. The sales for the year had been fantastic and everyone wanted to celebrate that evening. Amidst the guests, entertained by a fire-eater among others, you couldn't fail to spot the premier league Fiorentina Waterpolo female team. The white walls and floors shone beneath the lights. Everyone wanted to party and have fun: the hundreds of fully-grown ivy plants were now climbing up the external walls of the large factory/garden based on Feng Shui principles, which everybody had already been talking about for a year. "Braccialini Thinks Green"; "Braccialini Expands with a Feng Shui Factory"; "Braccialini Grows and Bets on the New Factory"; "Braccialini, the Eco-business of the Future is Here."*
*The daily press reported that the Feng Shui master Chan Tit-Kwan had been brought from Hong Kong to configure the doors and furnishings according to the ancient Taoist geomantic practice. Women's magazines, on the other hand, took up the idea to create features on applying the principles adopted by the brand to the layout of homes, reproducing the first renderings of the new Braccialini factory as a model from which to draw inspiration. The building is a long parallelepiped covered with greenery, like a vertical garden, with the big red rose of the logo pinned on top like a brooch, and is surrounded by areas of vegetation subtly alternated with parking space. In the imagination of international clients who read the name of the locality on the bottom of documents and waybills that*

*"Transforming an industrial shed into a cutting-edge project was a real challenge, and I believe Braccialini's 'green' façade is still the largest in Europe. Now many other people are embracing the idea of an ecological factory, but just five years ago the situation was very different. We invented nearly every innovation, without knowing how it would turn out."*

*Alessandro Cammilli, architect*

*"Trasformare un capannone industriale in un progetto all'avanguardia è stata una bella sfida, e credo che quella Braccialini sia ancora la facciata 'verde' più grande d'Europa. Adesso molti perseguono l'idea di una fabbrica ecologica, ma solo cinque anni fa la situazione era molto diversa. Ci siamo inventati quasi ogni innovazione, senza sapere come sarebbe andata a finire".*

*Alessandro Cammilli, architetto*

ti dei più importanti marchi della pelletteria e della moda made in Italy, Scandicci è un luogo ideale, ben diverso da una realtà di capannoni perlopiù anonimi e di edifici commerciali senza troppa personalità a dispetto della potenza evocativa delle insegne. Nell'innovazione eclatante del suo progetto, Braccialini prova ad avvicinarsi a questo immaginario.
Il nuovo stabilimento sorge sull'ex area industriale dove si trovava la famosa Fonderia delle Cure in cui vennero forgiati fra la fine dell'Ottocento e il Ventennio tutti i tombini del centro di Firenze (per una controprova, basta chinarsi per esempio sulla strada prospiciente la nuova boutique Braccialini in via Vacchereccia), non prevede nemmeno una variante, e il via libera alla costruzione è arrivato non a caso in un batter d'occhio: diecimila metri quadri su due piani, centosettanta posti auto e opere di urbanizzazione collegate, tra cui novemilacinquecento metri quadri di area verde e un altro parcheggio. Sotto quella facciata verde, attorno a quella fontana che

*accompany the products of leading Made in Italy leather goods and fashion brands located at Scandicci, it is an ideal place, far removed from the sites of industrial sheds and commercial buildings that lack personality despite their powerfully evocative signs. Braccialini sought to reflect this image of Scandicci in the strikingly innovative project for the new building.*
*The factory stands in the former industrial area that housed the famous Fonderia delle Cure, where all the manhole covers in the centre of Florence were cast between the end of the 19th century and the Fascist period (for proof of this you simply have to bend over and look at, for example, the street near the new Braccialini boutique in Via Vacchereccia). The project was submitted for approval without a single variant, so it was no accident that permission to start work on the building was obtained in a flash: 10,000 square metres on two floors, 170 parking spaces, and connected urbanisation works, including 9,500 square metres of greenery and another parking lot. Behind the green*

scorre verso l'ingresso principale portando acqua, cioè idealmente ricchezza, all'interno dell'edificio, si cela un progetto che, secondo la volontà dei Braccialini, mira innanzitutto al benessere fisico ma soprattutto mentale di chi vi lavora. Per un'azienda manifatturiera, questo significa innanzitutto silenzio: in fase di progettazione, l'architetto Alessandro Cammilli ha calcolato che quel verde contribuirà non solo a ridurre l'inquinamento acustico proveniente dall'esterno fino a 18 decibel, ma svolgerà anche la funzione di stabilizzatore termico, permettendo di diminuire di 15 gradi centigradi la temperatura della parete esposta al sole, riducendo dunque i consumi energetici. I fatti gli daranno presto ragione.
La struttura, che include l'utilizzo di fonti rinnovabili come un impianto solare termico e fotovoltaico e il recupero dell'acqua piovana per l'irrigazione del giardino, è in cemento a vista, con finiture tecnolo-

*façade and the fountain that carries water, symbolizing wealth, towards the main entrance and into the building, lies a project which, in keeping with the Braccialini family's wishes, is primarily concerned with the physical, and above all mental, well being of those who work in the factory. For a manufacturing company this means, above all, silence: during the design stage, the architect Alessandro Cammilli calculated that the plants would not only help to reduce the noise pollution of up to 18 decibels from outside, but also function as a thermal stabiliser, lowering the temperature of the wall exposed to the sun by 15 degrees centigrade and thus reducing energy consumption. The facts would soon prove him right.*
*The structure, which incorporates renewable sources like a thermal and photovoltaic solar system and provides for the collection of rainwater to irrigate the garden, is in* béton brut, *with minimal technologi-*

*Uno dei giardini interni della sede di Scandicci. L'acqua piovana viene raccolta nelle cisterne interrate e poi utilizzata per l'irrigazione e per uso interno. Per ridurre l'emissione di CO2, Braccialini utilizza energia rinnovabile prodotta dal parco eolico Repower in Basilicata approvvigionando la struttura della sede, i magazzini e i punti vendita | One of the internal gardens at the Scandicci headquarters. Rainwater is collected in the underground cisterns, then used for irrigation or adopted in the factory. To reduce its carbon footprint, Braccialini utilises renewable energy produced by the Repower wind farm in Basilicata, which supplies the factory, storerooms and sales outlets*

giche, ma minimali: obiettivo, zero emissioni CO2. L'edificio è pensato per accogliere, insieme con il nuovo centro logistico di quattromila metri quadri poco distante, oltre duecento dipendenti e, naturalmente, gli uffici della famiglia, sebbene sia più facile incrociare Carla Braccialini fra le scrivanie dei designer o in prototipia a studiare con i modellisti nuove soluzioni che nel suo ufficio, ingombro di modelli di borse in attesa di valutazione definitiva prima di ottenere il via libera alla produzione.

La separazione fra gli spazi e le destinazioni d'uso delle stanze è evidente, eppure non definitiva, non *tranchante* come accade di vedere in alcuni stabilimenti di soli vent'anni fa: anche aprendo una porta chiusa, si ha l'impressione che non si verrà respinti, che non la si troverà sbarrata o affacciata su volti ostili. È lo scopo delle fabbriche e degli uffici "aperti" progettati in questo ultimo decennio nei paesi di architettura e design avanzati di cui l'Italia fa parte e in cui l'edificio Braccialini entra a pieno titolo: una fabbrica "amica", che pur nella linearità dell'effetto complessivo e nel gioco alternato di luci bianche interagisce in modo naturale con i colori vivaci delle borse e con il mondo allegro, ricco che evocano.

Ai due lati della hall si aprono, a destra, l'outlet, e a sinistra il museo del marchio, con una selezione puntuale benché inevitabilmente contenuta dello sterminato archivio. Si viene avvolti da una luce diffusa, riposante, che sfiora tutti gli spazi: le salette di ricevimento al primo piano, a vetri, una grande corte interna che ospita alberi ad alto fusto e una balconata pavimentata in legno che le corre attorno, dove si affacciano ancora uffici stile, marketing e laboratori di prototipia, ma che è soprattutto rifugio e zona relax, da godere seduti sui grandi banchi di legno illuminati dal sole. Quindi, una grande sala da pranzo a disposizione dei dipendenti, aree ricreative, una palestra, un asilo nido, la showroom costruita e arredata come una boutique, con doppia vetrina allestita con sapienza e variata con la stessa frequenza riservata a un monomarca del centro di Milano o di Parigi, per ospitare i buyer in un contesto che permetta loro di collocare i nuovi modelli in un contesto reale, ben illuminato. È fra queste stanze che arrivano le decine di migliaia di pellami scelti ai grandi appuntamenti mondiali o fatti realizzare ad hoc per ogni modello, gli jacquard esclusivi, usci-

*cal finishings. The aim? Zero carbon emissions. The building is designed to accommodate, along with the new 4,000 square metre logistics centre nearby, more than 200 employees and, of course, the offices occupied by the family – although you are more likely to meet Carla Braccialini among the designers' desks or studying new solutions with the model makers in the prototype department, than in her office piled high with models of bags awaiting her final okay before going into production.*

*The division of the spaces and the different functions of the rooms are clear but neither rigid nor fixed, like they are in some factories built only twenty years ago. Even if you open a closed door you feel that you won't be turned away, you won't find your entrance barred or get any hostile looks. This is a priority of factories and open-plan offices designed during the last decade in countries, Italy included, where architecture and design are in the vanguard, and the Braccialini building can rightly be placed on a level with them. It is a "friendly" factory which, despite the overall linear effect and play of white light, interacts naturally with the bright colours of the bags and the light-hearted, colourful world they evoke.*

*On the right side of the lobby there is the outlet and, on the left, the brand's museum with a pertinent, though inevitably limited, selection of documents from the vast archive. A soft, restful light pervades all the spaces: the reception rooms with glass walls on the first floor, the large inner courtyard planted with trees, and the balcony with wooden flooring running all the way around the building. Overlooked by the style and marketing offices and prototype workshops, it is above all a refuge, a place to relax, to enjoy while sitting on the large wooden benches in the sun. Then there is a spacious dining room, gym and child-care centre for the employees, along with recreational areas. The showroom is built and furnished like a boutique, with a double window that is dressed with artistry and whose display is changed as frequently as those of the single brand boutiques in the centre of Milan and Paris. Buyers are welcomed in a well-lit setting, which enables them to visualize the new models in a store. It is here, among these rooms, that the tens of thousands of hides chosen at the major international fairs or especially created for individual models are delivered, along with exclusive jacquards that leave the building in the form of a*

ti sotto forma di disegno e rientrati in lunghi rotoli di tessuto. I corridoi si snodano senza apparente soluzione di continuità, racchiusi nel loro involucro di verde, e a loro volta involucro per il cuore verde della corte. L'autostrada che porta a Roma è a meno di duecento metri, ma è difficile ricordarsene.

*design and return as a long roll of fabric. The corridors winding seamlessly through the building are enveloped by the green shell and, in their turn, envelope the green heart of the courtyard. The motorway that leads to Rome is less than two hundred metres away, but it's hard to remember this.*

## Maria Volpi:

### *"Controllo le borse di tutti. Anche quelle degli altri"*

Dal 2014 Stella al merito del lavoro, Maria Volpi è entrata in Braccialini a sedici anni, "prima come operaia a banco, incaricata di 'masticciare' e 'rimboccare' i modelli". È passata al controllo qualità, dove tuttora lavora, nel 1979: ogni giorno verifica l'adeguatezza agli standard Braccialini, "molto rigidi", su una media di centocinquanta borse: di un modello di Clio, prova il salterello della chiusura almeno trenta volte, poi passa alla tracolla, alla tenuta dei moschettoni, alle cuciture. E questa specializzazione è entrata a far parte della sua quotidianità, della vita di tutti i giorni: "Mi cade l'occhio su tutte le borse che vedo, anche al mercato". Delle decine di migliaia di modelli che ha contribuito a immettere sul mercato, fra cui una borsa "in nappa ricamata a foglie autunnali, color ruggine e cognac", regalata alla sua futura suocera nel 1975, uno le è rimasto nel cuore: la Eagle, "tutta in camoscio nero con i ricami in azzurro".

### *"I check out everyone's bags. Including those made by others"*

*Maria Volpi entered Braccialini at the age of sixteen, "first as a bench worker whose job was to 'chew up' and 'tuck up' the bags". Then in 1979 she transferred to quality control, where she still works, checking an average of a hundred and fifty bags a day for conformity with Braccialini's "very rigid" standards. For a Clio bag, for example, she checks the action of the closure at least thirty times, then the shoulder strap, the snaps and finally the stitching. This specialisation has become her routine, her daily life. "My eye falls on all the bags I see, even at the market." Of the tens of thousands of models that she has helped reach the market, including a bag "made of Nappa leather embroidered with rust and cognac-coloured autumn leaves," given as a gift to her future mother-in-law in 1975, there is one that still has a particular place in her heart – the Eagle, "made of black suede with blue embroidered details". In 2014, Volpi was awarded the Star of Honour for her contribution.*

## Pierantonio Balloni

### *"Il modello impossibile non esiste"*

L'unico modellista di granitica fedeltà al verbo Braccialini è anche l'unico a esservi entrato già da professionista, ventitreenne, ma ben quarantacinque anni fa: Pierantonio Balloni, il "Piero" più volte evocato da Riccardo e Massimo Braccialini, il loro primo riferimento in azienda dopo la scomparsa del padre, il loro maestro. "Avevo leticato col mio primo datore di lavoro", racconta nell'italiano aulico che per i fiorentini è un vezzo e un vanto usare, "e ho risposto a un annuncio sul giornale. Ho iniziato nel laboratorio sul Lungarno che si allagò con la piena, traslocato con i Braccialini nei laboratori di via Pio Raina, poi a Pontassieve, e ora eccoci qui, a Scandicci."
Una vita "con la signora Carla a fare i modelli". Quelli impossibili, per Piero Balloni non esistono: "Il sistema si trova sempre". Quello che si trova di meno, osserva, "sono piuttosto le nuove generazioni di giovani che non solo vogliano fare questo lavoro, ma siano anche disposti a impararne tutte le fasi" con umiltà e disponibilità. Lui, che dichiara con orgoglio di "aver insegnato il mestiere a tre generazioni", dice che "per chi ha voglia" non ci sono limiti.

### *"There is no such thing as an impossible model"*

*The only model maker who has been unshakeably faithful to the Braccialini line is also the only one to have joined the company as a professional, though he was only twenty-three, forty-five years ago. That man is Pierantonio Balloni, the "Piero" so often mentioned by Riccardo and Massimo Braccialini, their first reference in the company after the death of their father, and their teacher. "I had quarrelled with my first employer," he said in the highly refined Italian that Florentines use so proudly, "and I answered an ad in the paper. I began working in the workshop on the Lungarno, but when that was flooded, I moved with the Braccialinis to the workshop on Via Pio Raina, then to Pontassieve, and now here we are in Scandicci."*
*After a lifetime "with Signora Carla making models," Piero Balloni believes that no model is impossible to construct. "You can always find a system." What is harder to find, he observed, "are new generations of young people who not only want to do this work, but are willing to learn all the different phases," with a dose of humility and commitment. Balloni, who proudly recalls that he "taught the trade to three generations," says there are no limits "for those who really want to succeed."*

## Stefano Mugnai

### *"La vera bellezza è nascosta"*

*Entrato in azienda come apprendista giovanissimo – "mi mancava un mese a compiere quindici anni" – Stefano Mugnai ha festeggiato da poco il quarantennale di lavoro in Braccialini, e ritiene che la vera bellezza di una borsa come quelle che lui stesso, ogni giorno, contribuisce a creare sul suo tavolo di prototipista risieda nelle parti che non si vedono. Quelle nascoste, segrete, eppure fondamentali per garantire il sostegno, la costruzione, l'eleganza della linea e al tempo stesso la praticità d'uso: "Ho seguito e appreso tutte le fasi di lavorazione di una borsa, e ancora oggi il mio modello preferito è quello del Taxi rosso", quella macchinina che sembra tanto semplice, tanto lineare, e che invece "ha richiesto due giornate intere di lavoro", e tante soluzioni inedite, impossibili da quantificare, per poter essere appesa al braccio di migliaia di donne. La collezionista di borse Braccialini della famiglia Mugnai è Martina, sua figlia. Ora ha ventiquattro anni, "e se potesse le vorrebbe tutte, anche se la sua preferita è la Farfalla". La nascita di Martina venne segnalata proprio lì, su quel tavolo al centro dell'ufficio prototipia: "La mattina, arrivando, lo trovai coperto di nastri rosa. Un pensiero della signora Carla".*

### *"The true beauty is hidden"*

*Stefano Mugnai, who entered the company as a young apprentice a month before his fifteenth birthday, recently celebrated his fortieth anniversary with Braccialini. He believes that the true beauty of a bag, whose prototypes he helps create every day, lies in the parts that are not seen, the hidden, secret parts that are crucial to the bag's support, construction, elegance and practicality. "I have followed and learned every phase of bag production, but my favourite model is still the Red Taxi." This little car seems so simple, so linear, and yet it "took two full days of work" and more creative solutions than can be counted before it could adorn the arms of thousands of women. In the Mugnai family, Martina, Stefano's daughter, is the avid Braccialini bag collector. Now she is twenty-four, "and if she could, she would have them all, although her favourite is the Butterfly." Her birth made its mark on Stefano's work table in the prototype studio. "That morning, when I got to work, I found it covered with pink ribbons. A very thoughtful touch from Signora Carla."*

## Paola Casacci

### *"Bisogna sempre guardare avanti"*

"Ho rubato questo mestiere con gli occhi", racconta la modellista Paola Casacci. Entrata in azienda a sedici anni, si è "talmente appassionata a questo lavoro" da essere diventata una dei primi riferimenti di Carla Braccialini al momento di tradurre uno dei tanti disegni nella realtà di una borsa che potrà essere esposta in una vetrina. "Ho iniziato lavorando sulle fodere", racconta, "e a poco a poco ho appreso tutti i segreti del mestiere."
Non ha mai dimenticato il giorno della promozione a modellista, uno scatto di carriera importante "che mi venne offerto dopo un lungo colloquio", e ricorda la grande emozione di aver portato a modello il suo primo Tema. Ma guardare indietro le interessa molto di meno che guardare avanti: "Quando le amiche mi chiedono notizie delle nuove borse che abbiamo realizzato dico loro di andarle a guardare in negozio perché già le ho cancellate dalla memoria". Tranne una: il modello targato 1989 di un'elegante bisaccina, ricoperto di monete, ora oggetto di culto sul mercato vintage. "Avevo vent'anni, è ancora la mia preferita, e la conservo con ogni cura."

### *"You always have to look ahead"*

*"I learned this trade by watching others," said model maker Paola Casacci, who entered the company at the age of sixteen. Since then, she has grown "so impassioned about this work" that she is one of the first people Carla Braccialini consults when it comes time to translate one of the many designs into a real life bag that can be displayed in a shop window. "I began working on linings," Paola explained, "and little by little I've learned all the tricks of the trade."*
*She has never forgotten the day that she was promoted to model maker, an important career advance "that was offered to me after a long interview." She also remembers the excitement of bringing her first Theme bag to the final model stage. But she is actually more interested in* looking ahead. *"When my girlfriends ask me for news about the new bags we've made, I tell them to go and look in a shop because I've already erased them from my memory." Except one, that is – the 1989 model of a small saddlebag, an elegant one covered with coins, which has since become a cult object on the vintage market. "I was twenty then but it is still my favourite, and I take great care of the one I have."*

## GOFFRATURA / EMBOSSING

Nappa leggera con imbottitura, goffrata manualmente. Cucitura tono su tono.
*Light Nappa with padding, embossed by hand. Stitching in matching tone.*

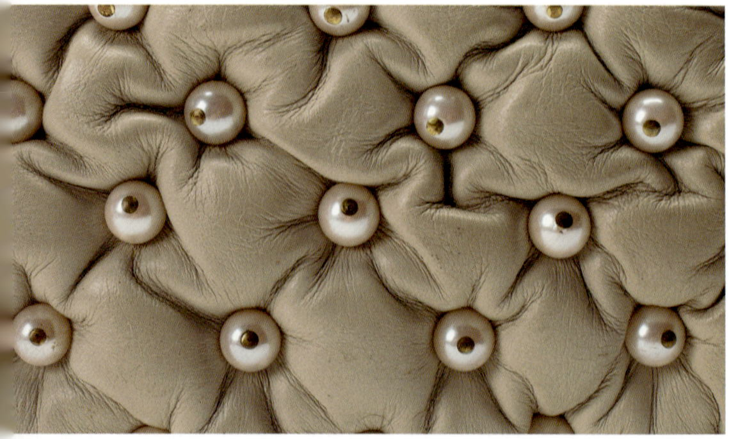

## CAPITONNÉ

Nappa lavorata capitonné. Ogni perla è montata a mano.
*Nappa with capitonné workmanship. Each pearl was attached by hand.*

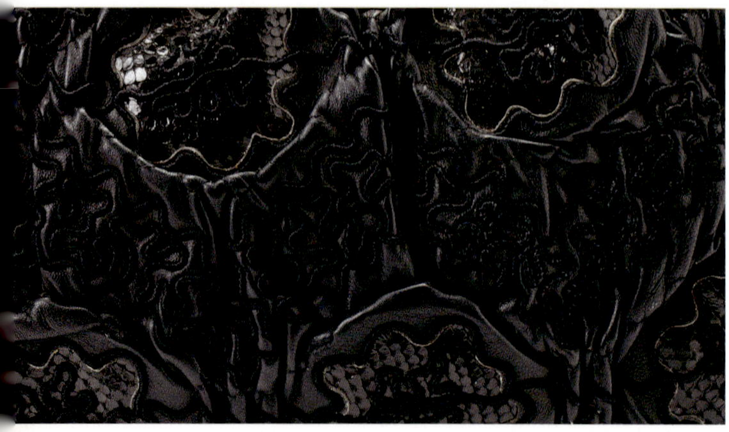

## PIZZO / LACE

Soffice nappa lavorata a ricamo con cordonetto cornely, motivo floreale effetto pizzo con leggera goffratura.
*Soft Nappa embroidered with Cornely cordonnet, lace-effect floral motif with subtle embossing.*

## PATCHWORK

Stampe con disegni diversi dégradé, assemblati con cuciture a zigzag, disegno dorato effetto patchwork.
*Prints with different dégradé patterns, assembled with zigzag stitching, patchwork-effect gilded pattern.*

## A MAGLIA / KNIT

Tre nastrini di raso in nuance
di colore lavorati ai ferri.
*Three satin ribbons in nuanced colours,*
*worked on knitting needles.*

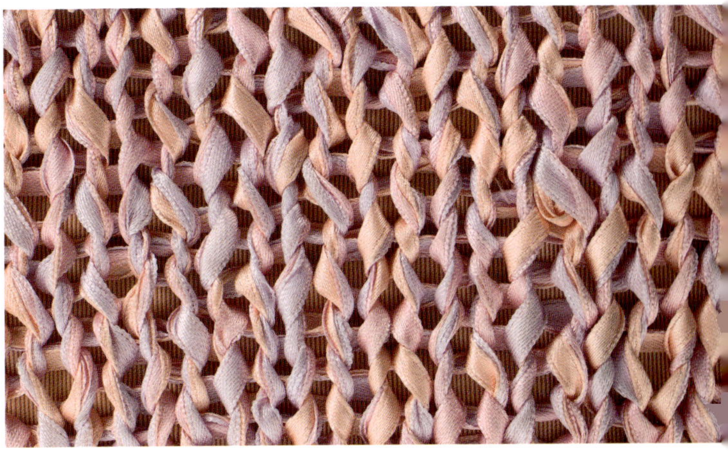

## CORDONATURA / CORDAGE

Cordoni e nastri assemblati a macchina
e applicazione a mano
di perle in sfumatura di colore.
*Cords and ribbons assembled by machine and pearls*
*in various shades attached by hand.*

## PIEGHETTATURA / CRIMPING

Pieghettatura a macchina, tipo goffrato
con successiva placcatura.
*Crimped by machine to resemble embossing,*
*then plated.*

## MOSAICO / MOSAIC

Pezzetti di pelle effetto mattonella
dégradé assemblati con cuciture a zigzag.
*Pieces of leather with dégradé tile effect, assembled*
*with zigzag stitching.*

## 1954

*INIZIANO LE TRASMISSIONI DELLA RAI. NASCE LA TELEVISIONE ITALIANA.*

*RAI RADIOTELEVISIONE ITALIANA MAKES ITS FIRST BROADCAST. ITALIAN TELEVISION IS BORN.*

Roberto e Carla Braccialini aprono il primo laboratorio artigianale di borse a Firenze. Il primo marchio riflette la filosofia dell'impresa: "Braccialini borse fantasia".

*Roberto and Carla Braccialini open a handcrafted bag workshop in Florence. The first brand, "Braccialini Borse Fantasia" (Braccialini Fancy Bags) reflects the philosophy of the business.*

## 1966

Alluvione di Firenze e straripamento dell'Arno. Il laboratorio Braccialini viene sommerso dall'acqua.

*Florence flood, the Arno breaks its banks. The Braccialini workshop is under water.*

*I GIOVANI DI TUTTA ITALIA E DEL MONDO SI MOBILITANO A FAVORE DELLA CITTÀ FERITA.*

*YOUNG PEOPLE FROM ALL OVER ITALY AND THE WORLD COME TO THE AID OF THE DEVASTATED CITY.*

## 1976

*UNA MISSIONE NASA PORTA LA SONDA VIKING 1 AD ATTERRARE SU MARTE: INVIERÀ FOTO DAL PIANETA ROSSO.*

*THE NASA VIKING 1 SPACE PROBE LANDS ON MARS: IT WILL TRANSMIT IMAGES OF THE RED PLANET TO EARTH.*

Carla Braccialini raccoglie le redini dell'azienda dopo la scomparsa del marito.

*Carla Braccialini takes the helm of the company following the death of her husband.*

## 1980

*UMBERTO ECO PUBBLICA* IL NOME DELLA ROSA, *ROMANZO STORICO CHE DIVERRÀ UN BESTSELLER MONDIALE.*

*UMBERTO ECO'S* IN THE NAME OF THE ROSE *IS PUBLISHED, THAT WILL BECOME AN INTERNATIONAL BESTSELLER.*

Ingresso in azienda dei primi due figli Riccardo e Massimo.

*Carla's two eldest sons Riccardo and Massimo join the company.*

## 1987

Inizia il sodalizio fra Braccialini e la maison britannica Vivienne Westwood.

*License agreement with Vivienne Westwood.*

*RONALD REAGAN E MICHAIL GORBAČËV FIRMANO UN TRATTATO PER L'ELIMINAZIONE DEI MISSILI A MEDIA GITTATA IN EUROPA.*

*RONALD REAGAN AND MIKHAIL GORBACHEV SIGN A TREATY TO ELIMINATE INTERMEDIATE RANGE NUCLEAR MISSILES FROM EUROPE.*

## 1993

*FEDERICO FELLINI RITIRA L'OSCAR ALLA CARRIERA.*

*FEDERICO FELLINI IS PRESENTED WITH AN OSCAR FOR LIFETIME ACHIEVEMENT.*

Apre la boutique Braccialini a Firenze.

*Opening of the Braccialini boutique in Florence.*

## 2000

*VIENE STAMPATA L'ULTIMA BANCONOTE DELLA LIRA ITALIANA.*

*THE LAST LIRA BANKNOTE IS PRINTED IN ITALY.*

Alleanza strategica con il Mariella Burani Fashion Group, che entra nel capitale dell'azienda.

*Strategic alliance with the Mariella Burani Fashion Group, which acquires a share in the company.*

## 2001

Apertura boutique monomarca Braccialini a Milano e Tokyo. Avvio del progetto Franchising.

*Braccialini single-brand boutiques open in Milan and Tokyo. Franchising project is launched.*

*VIENE IMPIANTATO IL PRIMO CUORE ARTIFICIALE.*

*FIRST ARTIFICIAL HEART TRANSPLANT.*

**2002**

*NEI DODICI PAESI DELL'UNIONE MONETARIA EUROPEA ENTRA IN CIRCOLAZIONE L'EURO.*

*THE EURO ENTERS INTO CIRCULATION IN THE TWELVE COUNTRIES BELONGING TO THE EUROPEAN MONETARY UNION.*

Prima apertura cinese per Braccialini, boutique a Shanghai.

*Braccialini opens boutique in Shanghai, the first in China.*

**2006**

*L'ITALIA VINCE IN GERMANIA, PER LA QUARTA VOLTA, LA COPPA DEL MONDO DI CALCIO.*

*IN GERMANY ITALY WINS THE FOOTBALL WORLD CUP FOR THE FOURTH TIME.*

Apertura della boutique milanese in corso Venezia 3. Primo monomarca a Mosca. L'azienda cresce del 25% e porta a quaranta paesi la sua presenza nel mondo.

*Opening of the Milanese boutique at 3 Corso Venezia. First single-brand store in Moscow. The company experiences 25% growth and increases its presence in the world to forty countries.*

**2007**

Terzo monomarca a Dubai e secondo a Mosca. Debutto a Parigi in rue Saint Honoré. Braccialini acquisisce Dadorosa srl, licenziataria dello storico marchio Gherardini garantendosi la gestione del brand a livello mondiale.

*Third single-brand store in Dubai and second in Moscow. Paris debut at Rue Saint-Honoré and another in Forte dei Marmi. In June Braccialini acquires Dadorosa srl, licensee of the historic Gherardini brand, obtaining the management of Gherardini worldwide.*

*DOPO 50 ANNI RINASCE LA FIAT 500.*

*THE FIAT 500 CAR IS REBORN AFTER FIFTY YEARS.*

**2009**

*GIURAMENTO A WASHINGTON DI BARACK OBAMA COME 44° PRESIDENTE DEGLI STATI UNITI, DAVANTI A OLTRE DUE MILIONI DI PERSONE.*

*INAUGURATION OF BARACK OBAMA AS 44TH PRESIDENT OF THE UNITED STATES, BEFORE A CROWD OF OVER TWO MILLION.*

Carla Braccialini viene nominata Cavaliere del Lavoro. Inaugurata la nuova sede di Scandicci, alle porte di Firenze, costruita secondo i principi del feng ashui.

*The Order of Merit for Labour is conferred on Carla Braccialini. Inauguration of the new Scandicci headquarters, constructed according to Feng Shui principles and located just ouside Florence.*

**2010**

Braccialini avvia il piano di espansione in Cina. Default del Burani Fashion Group.

*Braccialini implements its plan to expand in China. Burani Fashion Group declares bankruptcy.*

*DOPO 15 ANNI DI DETENZIONE VIENE LIBERATA LA DISSIDENTE BIRMANA E NOBEL PER LA PACE AUNG SAN SUU KYI.*

*AFTER FIFTEEN YEARS IMPRISONMENT THE BURMESE DISSIDENT AND NOBEL PEACE PRIZE WINNER AUNG SAN SUU KYI IS FREED.*

**2011**

*RICORRE IL 150° ANNIVERSARIO DALL'UNITÀ D'ITALIA.*

*150TH ANNIVERSARY OF THE UNIFICATION OF ITALY.*

Uscita dal perimetro del Mariella Burani Fashion Group: Braccialini torna indipendente e rileva il marchio Francesco Biasia.
Sfilata-evento Braccialini presso il Museo della Permanente a Milano.

*After leaving the Mariella Burani Fashion Group, Braccialini becomes independent again and acquires the Francesco Biasia brand.*
*Braccialini fashion show-event at the Museo della Permanente in Milan.*

**2014**

Braccialini festeggia i 60 anni dell'azienda con una Mostra di 3 giorni al Museo Marino Marini di Firenze in occasione della 86° edizione di Pitti Uomo.

*Braccialini celebrates its first sixty years in business with a three-day exhibition at the Museo Marino Marini in Florence during the 86th edition of Pitti Menswear.*

*PIAZZA SAN PIETRO: CANONIZZAZIONE DI GIOVANNI XXIII E DI GIOVANNI PAOLO II.*

*ST PETER'S SQUARE: CANONIZATION OF POPES JOHN XXIII AND JOHN PAUL II.*

braccialini